a escola
do futuro

P581e	Piangers, Marcos.
	    A escola do futuro : o que querem (e precisam) alunos, pais e professores / Marcos Piangers, Gustavo Borba.
	– Porto Alegre : Penso, 2019.
	    130 p. ; 23 cm.
	
	    ISBN 978-85-8429-165-6
	
	    1. Educação. 2. Criatividade. 3. Pais e professores. 4. Professores e alunos. I. Borba, Gustavo. II.Título.
	
	    CDU 37

Catalogação na publicação: Karin Lorien Menoncin – CRB 10/2147

© Editora Belas-Letras Ltda., 2019

Gerente editorial: Letícia Bispo de Lima

Colaboraram nesta edição:
Coordenadora editorial: Cláudia Bittencourt
Capa: Tatiana Sperhacke // TAT studio
Preparação de originais: Camila Wisnieski Heck
Projeto gráfico e editoração: Tatiana Sperhacke // TAT studio
Imagens: ©Bakai/Shutterstock.com, ©metamorworks/Shutterstock.com
e ©UI/Shutterstock.com

Reservados todos os direitos de publicação à
PENSO EDITORA LTDA., uma empresa do GRUPO A EDUCAÇÃO S.A.
Av. Jerônimo de Ornelas, 670 – Santana
90040-340 – Porto Alegre – RS
Fone: (51) 3027-7000 Fax: (51) 3027-7070

SÃO PAULO
Rua Doutor Cesário Mota Jr., 63 – Vila Buarque
01221-020 – São Paulo – SP
Fone: (11) 3221-9033

SAC 0800 703-3444 – www.grupoa.com.br

É proibida a duplicação ou reprodução deste volume, no todo ou em parte,
sob quaisquer formas ou por quaisquer meios (eletrônico, mecânico, gravação,
fotocópia, distribuição na Web e outros), sem permissão expressa da Editora.

IMPRESSO NO BRASIL
PRINTED IN BRAZIL

>> *autores*

MARCOS PIANGERS

é autor do *best-seller O papai é pop*, que já vendeu mais de 250 mil exemplares, tendo sido lançado em Portugal, Espanha, Inglaterra e Estados Unidos. É especialista em novas tecnologias, criatividade, inovação e uma das maiores referências sobre paternidade do País. Já deu aulas e palestras nos maiores eventos e empresas nacionais, além de ser quatro vezes palestrante do TEDx, a maior conferência de ideias do mundo. Seus vídeos já ultrapassaram a marca de 400 milhões de *views* no Facebook.

GUSTAVO BORBA

é Doutor em Engenharia, professor universitário e pesquisador em design, com foco em design para educação. Estuda os processos de ensino e aprendizagem com foco no engajamento a partir do espaço físico. Foi embaixador do TEDx no Brasil e atua como diretor de graduação da Unisinos. É coautor do livro *Um olhar sobre a experiência de sala de aula:* na perspectiva do design estratégico. Foi palestrante de dois eventos TEDx.

Para nossas
Anita e Aurora
(Piangers),
Giulia e Clara (Gustavo),
que sejam agentes
transformadores
para um mundo melhor.

AGRADECIMENTOS

Em alguns momentos, um inconformado se sente solitário no mundo. Agradeço ao Borba pela inspiração e parceria neste inconformismo. Se há uma coisa que me dá esperança no mundo são professores apaixonados, inconformados, que veem as coisas de uma forma diferente e questionam as regras. Como disse o dramaturgo George Bernard Shaw: "o homem sensato adapta-se ao mundo. O homem insensato insiste em tentar adaptar o mundo a si. Sendo assim, qualquer progresso depende do homem insensato".

> M.P.

Agradeço ao Piangers por propor o desafio de escrevermos um livro juntos. Estávamos no Rio de Janeiro, dando uma palestra sobre inovação e tecnologia, quando ele pensou em trabalharmos em um livro contando nossas experiências como professor e pai. Foi o início de um projeto que vai bem além destas páginas e tem como objetivo engajar as pessoas na transformação da educação.

Agradeço ao Gustavo Guertler por ter acreditado no projeto e nos incentivado na busca desta publicação.

Pessoas inspiradoras e inovadoras nos movem e fazem com que nossos sonhos se multipliquem em nossa realidade.

> G.B.

>>> sumário

existia a necessidade de a escola existir

:13
marcos piangers

1 :29
a escola: uma viagem no tempo
gustavo borba

2 :45
associação de pais aflitos
marcos piangers

3

professores, para onde vamos?

:67

gustavo borba

4

como alunos, queremos uma educação do nosso tempo

:91

gustavo borba

5

a escola do futuro

:111

marcos piangers

ao infinito e além...

:121

gustavo borba

existia
a necessidade
de a escola
existir

marcos piangers

> *Nunca deixei que a escola interferisse na minha educação.*

Mark Twain
escritor norte-americano

> *A educação é a arma mais poderosa que podemos usar para mudar o mundo.*

Nelson Mandela
(2003)

> *Se o seu plano é para um ano, plante arroz. Se seu projeto é para dez anos, plante árvores. Se seu plano é para cem anos, eduque as crianças.*

Kuan Chung
(século VII a.C.)

magine que você estava nas ruas cheias de lama da Europa no final dos anos de 1700. Você poderia ser um camponês na França, um burguês na Alemanha ou um trabalhador industrial na Inglaterra. Não importa, se não estivesse nas camadas mais altas da sociedade, viveria inseguro com tantas mudanças ocorrendo ao mesmo tempo. A Revolução Francesa, o início da Revolução Industrial, a transição do trabalho agrícola para o trabalho nas cidades, tudo acontecia intensamente, deixando o homem comum desnorteado. A criação de um sistema de ensino padronizado e acessível para todas as crianças era nada menos do que revolucionária. A ideia sempre esteve na cabeça de gente que desafiou o sistema – Lutero, Montesquieu, Leppelletier, Adam Smith –, e, seja qual fosse a intenção desses vanguardistas, a escola existiu e funcionou por cerca de 300 anos como base para um novo mundo que se formava. O problema é que, junto com o treinamento para as novas profissões e as taxas de analfabetismo cada vez menores, junto com a importância da sociabilização infantil e a criação da academia que nos moldou um mundo de conhecimento acessível e transformador, a escola trouxe também o desconforto da padronização.

Essa padronização funcionou enquanto precisávamos apenas de trabalhadores treinados e a maioria da mão de obra era operária, mas se deteriora em meio às mudanças sociais atuais, como a globalização, o acesso à tecnologia e a rapidez com que a prática profissional se modifica. Em uma época em que o conhecimento humano está disponível na internet, torna-se desafiador explicar a um aluno por que ir até um local físico de aprendizado. Em uma época em que a tecnologia disponibiliza novas formas de consumo de informação no bolso de bilhões de pessoas, o professor começa a ser questionado como fonte de conhecimento. Não raro, vemos a escola como um lugar que as crianças odeiam e cujo valor nem sempre os pais percebem.

Como observou no passado o filósofo Immanuel **KANT** (c2018, documento *on-line*),

> É por isso que se mandam as crianças à escola: não tanto para que aprendam alguma coisa, mas para que se habituem a estar calmas e sentadas e a cumprir escrupulosamente o que se lhes ordena, de modo que depois não pensem mesmo que têm de pôr em prática as suas ideias.

Esse sentimento existe até hoje. A escola parece não formar indivíduos completos, mas peças que devem se encaixar em algum lugar predeterminado. Especialmente para os pais, que desejam que seus filhos explorem todos os seus potenciais, esse modelo é bastante frustrante.

Enquanto escrevo esta frase, algumas das empresas mais importantes do mundo são as de tecnologia, muitas delas criadas por jovens que largaram a escola. O movimento *unschooling*, ou de desescolarização, incentiva os pais a explorarem as potencialidades de aprendizado dos filhos fora de instituições de ensino tradicionais. Grandes empresários começam a valorizar mais o que o candidato aprendeu fora da escola. Iniciativas como a Thiel Fellowship[1] patrocinam jovens para que eles não utilizem seu tempo fazendo faculdade e coloquem logo em prática suas ideias empreendedoras. *Sites* de aprendizado a distância, os Massive Open Online Courses (MOOCs), se multiplicam, possibilitando acesso a conteúdos das melhores instituições de ensino do mundo. Outros *sites*, como Udacity,[2] se propõem a oferecer cursos práticos para as profissões do futuro, como desenvolvedor de inteligência artificial e cientista de dados. Projetos como o Uncollege[3] conduzem experiências de voluntariado, prototipagem e empreendedorismo ao redor do mundo. No Brasil, o empresário Ricardo Semler, inspirado na escola inglesa Summerhill,[4] fundou a metodologia LUMIAR, premiada entre as 12 propos-

tas pedagógicas mais inovadoras do mundo (Lumiar, 2010). Em Los Angeles, o empreendedor Elon Musk, fundador da montadora de carros elétricos Tesla e da empresa de serviços espaciais SpaceX, insatisfeito com as metodologias de ensino atuais para seus filhos, fundou sua própria escola, chamada Ad Astra. Em São Francisco, o ex-executivo do Google Max Ventilla propõe, na ATL School, o aprendizado personalizado com menos professores e mais tecnologia, utilizando interação com *softwares* e análise de informações sobre a evolução de cada aluno (Alt School, 2016).

A urgência parte de quem sabe que o modelo educacional atual está se tornando obsoleto. O Fórum Econômico Mundial, em seu relatório Futuro do Trabalho, de 2016, afirma que 65% das crianças que estão começando o primário no futuro trabalharão em empregos que hoje ainda não existem. O avanço das tecnologias digitais deve criar novos tipos de trabalho, mas estima-se que até 2020 cerca de 7 milhões de empregos serão perdidos por conta do despreparo para a transição. Se na Revolução Industrial o trabalhador do campo era absorvido pela indústria na cidade, na atual transição tudo indica que a mudança não será tão suave. Algumas das mais destacadas empresas do mundo hoje são as de tecnologia, e elas empregam menos e faturam mais. Na década de 1990, as grandes montadoras norte-americanas de carros Ford, General Motors e Chrysler tinham um valor de mercado de cerca de 36 bilhões de dólares e empregavam mais de 1 milhão de funcionários. Hoje, as empresas de tecnologia Facebook, Google e Apple valem, juntas, mais de 1 trilhão de dólares e empregam apenas cerca de 170 mil funcionários. Para se ter uma noção da capacidade de escala em uma empresa de tecnologia, a rede de varejo Walmart emprega 2,3 milhões de funcionários, enquanto a rede de varejo virtual Amazon emprega apenas 360 mil. Se dividirmos o valor de mercado das duas pelo número de funcionários, o Walmart gera 96 mil dólares por empregado; a Amazon, 1,2 milhão de dólares (World Economic Forum, 2016, documento *on-line*).

Esses dados podem levantar o argumento de que essas novas empresas de tecnologia que se encaminham para dominar a economia moderna nada mais são do que frutos de um bem-sucedido sistema de ensino, que possibilitou o treinamento de empreendedores capacitados. Porém, muitas das histórias de sucesso do Vale do Silício foram desenvolvidas por jovens que largaram seus cursos de graduação. Bill Gates deixou a universidade para fundar a Microsoft com seu amigo de infância Paul Allen (que também abandonou a universidade). Mark Zuckerberg iniciou o Facebook em seu dormitório de Harvard e depois trocou Massachusetts por Palo Alto sem se formar. Vários empreendedores, como Steve Jobs (Apple), Michael Dell (Dell), Daniel Ek (Spotify), deixaram a faculdade para empreender (The Guardian, 2014; Zambarda, 2016). Grandes instituições de ensino que foram desenhadas para ser o centro de formação de líderes da economia moderna estariam fracassando nesse objetivo? Há quem diga que o ensino parou no tempo. Outros afirmam que a passagem desses grandes empreendedores pelas instituições foi decisiva para despertar neles o ímpeto e fornecer-lhes a quantidade de informação, inspiração e contatos necessários para empreender. Steve Jobs, em seu famoso discurso aos formandos de Stanford de 2005, lembrou de como as aulas de tipografia foram fundamentais para o desenvolvimento do *software* que roda nos computadores Apple.

Porém, também fez questão de enfatizar que o aprendizado padronizado não preenchia suas necessidades:

> [...] passados seis meses, eu não via valor em nada do que aprendia. Não sabia o que queria fazer da minha vida e não entendia como uma faculdade poderia me ajudar quanto a isso. E lá estava eu, gastando as economias de uma vida inteira. Por isso decidi desistir, confiando que as coisas se ajeitariam. Admito que fiquei assustado, mas em retrospecto foi uma de minhas melhores decisões. Bastou largar o curso para que eu parasse de assistir às aulas obrigatórias e só assistisse às que me interessavam.
> (Jobs, 2005, documento *on-line*, tradução nossa)

Se, no presente, o descompasso entre escola e vida real já é percebido, imagine no futuro.

Nos últimos 10 anos, as relações profissionais foram revolucionadas por conta da adoção em massa de *smartphones*. Em menos de uma década, foram criadas profissões como *youtuber*, *data scientist*, desenvolvedores de aplicativos, *influencers*, motoristas de Uber e empresas baseadas em drones, realidade virtual e aumentada, inteligência artificial, impressão 3D, *machine learning*, *wearables*, *ingestibles*, *implantables* e computação ambiental, além dos avanços na biotecnologia, que apontam para um futuro de criação de filhos perfeitos a partir da edição de DNA, de melhorias na capacidade de aprendizado com o estímulo elétrico de algumas regiões do cérebro, bem como a possibilidade de uma inteligência híbrida entre humanos e máquinas.

A pergunta é inevitável: os ambientes de aprendizado estão acompanhando essas mudanças? As empresas que investem em pesquisa e desenvolvimento irão substituir os processos de formação profissional? Todas essas revoluções tecnológicas irão tornar o trabalho obsoleto? E, se isso acontecer, de que servirá uma escola que prepara multidões para o desemprego?

A Metaari (2018), uma empresa de pesquisa de tecnologia para aprendizagem de Seattle, lançou recentemente seu anúncio anual de investimentos globais em *edtechs*, empresas de tecnologia com proposta de impactar a indústria da educação. Em 2017, o financiamento internacional atingiu um novo recorde de US$ 9,52 bilhões, e 813 empresas *edtech* diferentes receberam financiamento. Além disso, dos mais de US$ 37,8 bilhões investidos em empresas de tecnologia educacional desde 1997, 62% foram investidos nos últimos três anos.

O momento é de transformações profundas nas salas de aula.

E, aliada a tudo isso, vem aí uma nova geração, **a** GenZ**, ou** CENTENNIALS, que nasceu rodeada de tecnologia e tende a questionar todas as ineficiências analógicas propostas pelas gerações anteriores. É uma geração que se adapta facilmente às novidades e descobre novas aplicações para as tecnologias.

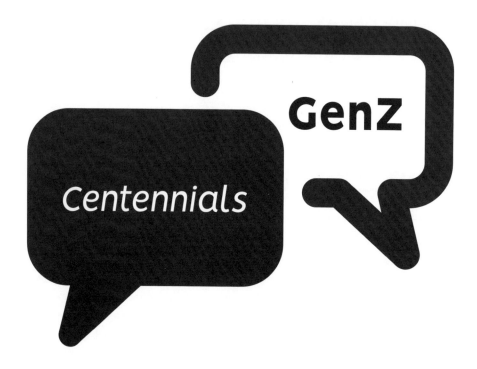

Os ambientes de aprendizado sofrem pois se encontram impossibilitados de acompanhar as mudanças da nossa época. Devido à limitação física, enquanto o conhecimento é produzido e espalhado pela rede, a escola está algumas vezes distante das novidades. O conceito de sala de aula como ambiente ao qual o aluno precisa ir para encontrar o professor, e em que só este último detém o conhecimento, está ultrapassado. Construídas com currículos fixos que deveriam durar anos, as faculdades agora veem os conteúdos mudando no decorrer do curso. Não são raros os depoimentos de alunos que, ao chegar ao último ano de estudos, percebem que o que aprenderam no primeiro ano já está ultrapassado.

> *"Com o mundo se movendo tão rápido, precisamos nos tornar uma sociedade de pessoas que estão sempre aprendendo coisas novas"*,

>>>>>>>>>> disse **JULIE FRIEDMAN STEELE**, diretora do World Future Society, para a revista *Fast Company* em 2016 (Moran, 2016, documento *on-line*).

> *"Mas também precisamos mudar a forma como aprendemos"*, diz ela.

O conceito antigo de período de aprendizado não se aplica em "um mundo que muda tão rapidamente. Na sociedade moderna, o aprendizado deve ser constante. Será muito mais provável que o futuro seja de aprendizado incessante, o que reposiciona a figura do professor como um mentor que, provavelmente, facilitará o aprendizado em diversas áreas para alunos de todas as faixas etárias.

Como disse o escritor **ALVIN TOFFLER** (1984):

O analfabeto do século XXI não será aquele que não consegue ler e escrever, mas aquele que não consegue aprender a aprender.

Os alunos não devem mais ser treinados para decorar o caminho. Devem ser ensinados a ler o GPS.

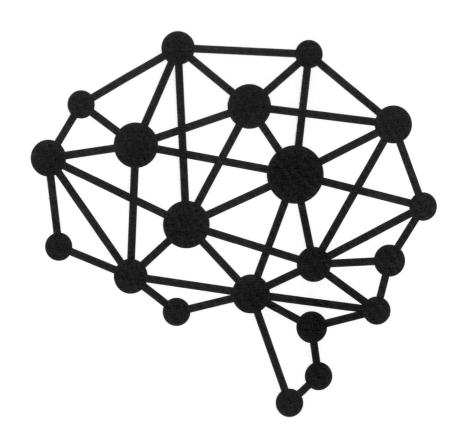

Existia a necessidade de a escola existir.

Agora existe a necessidade de a escola se <u>reinventar</u>.

NOTAS

1. THIEL FELLOWSHIP. c2018. Disponível em: http://thielfellowship.org/. Acesso em: 13 set. 2018.
2. UDACITY. c2108. Disponível em: <https://br.udacity.com/>. Acesso em: 13 set. 2018.
3. UNCOLLEGE. c2017. Disponível em: <https://www.uncollege.org/>. Acesso em: 30 set. 2018.
4. A.S NEILL'S SUMMERHILL SCHOOL. c1999.Disponível em: <http://www.summerhillschool.co.uk/>. Acesso em: 13 set. 2018.

REFERÊNCIAS

A. S NEILL'S SUMMERHILL SCHOOL. c1999. Disponível em: <http://www.summerhillschool.co.uk/>. Acesso em: 13 set. 2018.

ALT SCHOOL. c2017.Disponíve em: <https://www.altschool.com/>. Acesso em: 13 set. 2018.

JOBS, S. Commencement address. 2005. Disponível em: <https://news.stanford.edu/2005/06/14/jobs-061505/>. Acesso em: 13 set. 2018.

KANT, I. *Frases*. 2018. Disponível em: < http://www.citador.pt/frases/e-por-isso-que-se-mandam-as-criancas-a-escola-na-emmanuel-kant-2730>. Acesso em: 13 set. 2018.

LUMIAR. Metodologia Lumiar. c2000. Disponível em: <https://www.lumiar.co/>. Acesso em: 13 set. 2018.

LUMIAR. *Pesquisa conjunta entre a Organização das Nações Unidas para a Educação, a Ciência e a Cultura (Unesco), a Stanford University e a Microsoft.* 2010. Disponível em: <http://www.fundacaoralstonsemler.org.br/bilingue/lumiar.php>. Acesso em: 13 set. 2018.

MANDELA, N. *Lighting your way to a better future.* 2003. Disponível em: <http://www.mandela.gov.za/mandela_speeches/2003/030716_mindset.htm>. Acesso em: 13 set. 2018.

METAARI. c2018. Disponível em: <http://www.metaari.com/>. Acesso em: 13 set. 2018.

MORAN, G. These will be the top jobs in 2025 (and the skills you'll need to get them. *Fast Company*, 2016. Disponível em: <https://www.fastcompany.com/3058422/these-will-be-the-top-jobs-in-2025-and-the-skills-youll-need-to-get-them>. Acesso em: 13 set. 2018.

THE GUARDIAN. *Tech millionaire college dropouts.* 2014. Disponível em: <https://www.theguardian.com/technology/gallery/2014/jan/11/gates-zuckerberg-dell-tech-millionaire-college-dropouts>. Acesso em: 13 set. 2018.

THIEL FELLOWSHIP. c2018. Disponível em: http://thielfellowship.org/. Acesso em: 13 set. 2018.

TOFLER, A. *Future shock.* New York: Bantan, 1984.

UDACITY. c2108. Disponível em: <https://br.udacity.com/>. Acesso em: 13 set. 2018.

UNCOLLEGE. c2017. Disponível em: <https://www.uncollege.org/>. Acesso em: 13 set. 2018.

WORLD ECONOMIC FORUM. *The future of jobs:* employment, skills and workforce strategy for the fourth industrial revolution. 2016. Disponível em: <http://www3.weforum.org/docs/WEF_Future_of_Jobs.pdf>. Acesso em: 13 set. 2018.

ZAMBARDA, P. 8 executivos famosos que não terminaram a faculdade. *Exame*, 2016. Disponível em: <https://exame.abril.com.br/carreira/8-executivos-famosos-que-nao-terminaram-a-faculdade/>

≫1

a escola
- uma
- viagem
- no tempo

gustavo borba

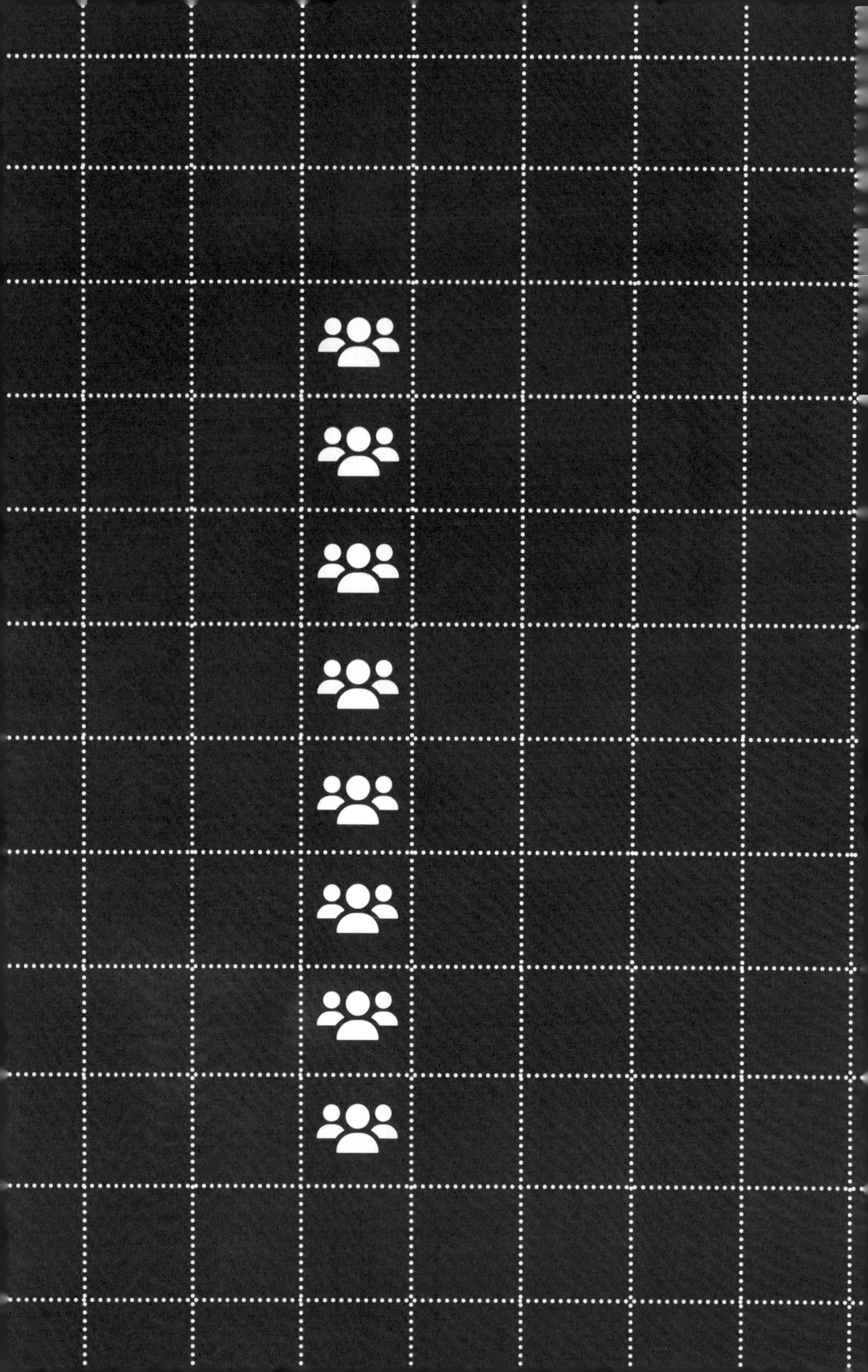

Dizer que os espaços de ensino e o processo de educação em si não mudaram ao longo da história é uma simplificação distante da realidade. No último século, evoluímos de salas de aulas para poucos para um processo de grande massificação da educação, ampliando, até os dias de hoje, o acesso ao ensino na maioria dos países.

A diversidade étnica e de gênero também tem aumentado, e os temas globais que causaram mudanças sociais de grande valor passaram por espaços de debate, como escolas e universidades. Entretanto, embora esse papel social e de contraponto tenha estado presente ao longo do tempo nas universidades e escolas, o que efetivamente NÃO MUDOU na velocidade esperada foram os PROCESSOS DE ENSINO E APRENDIZAGEM.

A frustração de pais e educadores é perceber que a tecnologia, nos últimos anos, ultrapassou em muito a capacidade de disseminação de conhecimento da sala de aula. Enquanto se discutem a ampliação do uso de laboratórios de informática, lousas com telas sensíveis ao toque e a substituição de apostilas por *tablets*, outras inovações são criadas em uma grande velocidade, e qualquer iniciativa que busque acompanhar o passo tecnológico parece já nascer ultrapassada.

A primeira coisa que precisamos reconhecer nessa discussão é que a escola nunca será um ambiente pronto; ela é, na verdade, um espaço em constante evolução.

Da época em que o conhecimento era transmitido de forma oral apenas por aqueles poucos que sabiam ler até a época em que o conhecimento humano está disponível virtualmente, os ambientes educacionais evoluíram, mas certamente em uma velocidade inferior àquela que gostaríamos.

Para compreender melhor os motivos para a manutenção do *status quo*, especialmente na sala de aula, cabe um olhar sobre a sociedade nos diferentes períodos que antecedem a revolução tecnológica que estamos vivendo.

ANOS DE 1980: CURTINDO A VIDA ADOIDADO

O modelo educacional vigente em nosso país sempre esteve conectado às condições sociais e econômicas. Até os anos de 1980, as formas de interação social estavam restritas a processos que envolviam poucos dispositivos midiáticos (especialmente jornal, televisão e rádio) e um grupo restrito de amigos, geralmente próximos a nossa residência. O dia de uma criança em idade escolar envolvia, na maioria das vezes, a seguinte sequência de atividades:

ATIVIDADES DIÁRIAS DOS ESTUDANTES NOS ANOS DE 1980

 # 1 **AULA PELA MANHÃ:** encontro com colegas, interação, mas com foco no professor, em um modelo de educação conhecido como um para muitos ou *broadcast*, como descrito por Tapscott em seu livro *Growing up digital*, de 1999.

 # 2 **ALMOÇO EM CASA.**

 # 3 **TELEVISÃO À TARDE:** o contraturno da escola era preenchido por atividades de exposição aos meios de comunicação existentes à época, especialmente a televisão. Programas como Sessão da Tarde eram clássicos, e conversar sobre os filmes *Os goonies* (1985), *Curtindo a vida adoidado* (1986), *A lagoa azul* (1980) e todos os clássicos do Elvis Presley era um dos passatempos dos jovens. Não havia escolha, e, muitas vezes, devido a questões de sinal ou falta de energia, os filmes eram repetidos em uma mesma semana.

 # 4 **FINAL DE TARDE:** jogar bola, brincar de boneca; era o momento de interação coletiva, reunião na rua e conversa com os vizinhos.

 # 5 **JANTAR EM CASA.**

 # 6 **TEMAS/TAREFAS DA ESCOLA:** o último momento do dia, para muitas famílias, era a realização dos temas de casa, preparação para a aula do dia seguinte. Esse momento era importante na relação entre pais e filhos.

Uma variação dessa rotina ocorria para alunos que estudavam à tarde e acordavam não para ver Sessão da Tarde, mas programas como Balão Mágico, Fofão, entre outros. Essa rotina se repetia quase todos os dias. Embora tivéssemos um ganho fundamental para o processo de formação, que era a interação social com os amigos, a maior parte do dia era de passividade e recepção de informação. Estávamos lá, ouvindo, recebendo, processando e, algumas poucas vezes, transformando aquelas informações em conhecimento.

Quando tínhamos dúvidas, a opção geralmente era esperar pelo dia seguinte e pela boa vontade do professor para esclarecê-las. Alunos mais tímidos geralmente guardavam suas dúvidas para eles mesmos. Os pais tinham dificuldades em atender às demandas dos filhos, e seu acesso à informação também era limitado e restrito a televisão, rádio, revistas, formação anterior e seu ambiente de trabalho.

Cabe reforçar que o papel do professor nesse período era bastante diferente. O professor era o DONO DO CONHECIMENTO, tinha mais acesso à informação e a responsabilidade de educar e REPASSAR para o grupo de alunos o conhecimento que acumulara, em uma área específica e restrita, ao longo do tempo. Sua autoridade era inquestionável, e a centralidade da sala de aula estava nos professores. Os estudantes estavam lá para captar algo, compreender melhor o mundo a partir da visão do professor. Todos os alunos, mesmo com diferenças, tinham o mesmo acesso e recebiam a mesma informação. Não cabia a eles trazer experiências ou sua história, exceto quando recebiam essa demanda explícita como tarefa para realizar em casa.

As características principais desse período podem ser sintetizadas da seguinte forma:

**INTERAÇÃO NA ESCOLA:** *passividade* e *escuta* são as palavras-chave. A maioria dos alunos ouvia o professor, recebia a informação e estudava "para passar" na escola, a partir das anotações e dos livros didáticos.

**CONTEXTO SOCIAL:** brincadeiras em grupo, jogos de tabuleiro, bicicleta, esporte, especialmente no final do dia.

**PRINCIPAL MÍDIA DE COMUNICAÇÃO:** televisão, responsável pelo entretenimento dos jovens no contraturno da escola.

ANOS DE 1990: NOSSA VIDA NUNCA MAIS SERIA A MESMA

O período da década de 1990 transformou nossa realidade a partir de algumas mudanças paradigmáticas em diferentes campos. Ken Robinson, em seu livro *Out of our minds* (2001), cita dois processos como transformadores para o momento que vivemos hoje. O primeiro deles é a revolução tecnológica, presente em diferentes espaços – como a evolução da comunicação, dos meios midiáticos e da própria tecnologia. O segundo está relacionado à velocidade com que a população humana vem crescendo. Essa evolução exponencial coloca desafios importantes nos diferentes campos e espaços em que atuamos, especialmente na produção e no consumo de recursos naturais.

Para Thomas L. Friedman, em seu livro *Obrigado pelo atraso* (2017), as mudanças climáticas, a globalização dos mercados e a evolução tecnológica são os fatores principais para compreendermos o momento que vivemos e as mudanças que estão por vir. Para que possamos avaliar as mudanças que ocorreram na educação em nosso país a partir da década de 1990, vamos considerar dois elementos da proposta dos autores, adaptados a nossa realidade. Ou seja, como a população e a tecnologia no Brasil evoluíram ao longo do tempo?

Em 1955, tínhamos no Brasil uma população aproximada de 62 milhões de pessoas. Em novembro de 2018 somos 211,4 milhões. Embora a taxa de natalidade esteja em declínio, quando comparamos os dados de população urbana do Brasil com dados mundiais, percebemos a mudança que nosso país sofreu nos últimos 60 anos. Em 1955, tínhamos 26 milhões de pessoas vivendo em áreas urbanas (41% da população). Esse número saltou, em 2018, para 179,9 milhões de pessoas (85,3% da população), quase `SETE VEZES MAIS` do que na década de 1950 (Worldmeters, 2018). Se compararmos com os dados mundiais, atualmente 55% das pessoas vivem em zonas urbanas, contra 33,6% em 1960, um aumento equivalente a `QUATRO VEZES`, próximo à `METADE` do crescimento que tivemos no Brasil.

Essa mudança demográfica impactou fortemente os grandes centros urbanos, pressionando esses espaços para uma ampliação de serviços e tendo como uma das consequências principais a geração de dinâmica social.

Brasil # 1955 :

62 milhões
de habitantes

Brasil # 2018 :

210,5 milhões
de habitantes

<u>1955</u> : *População brasileira*

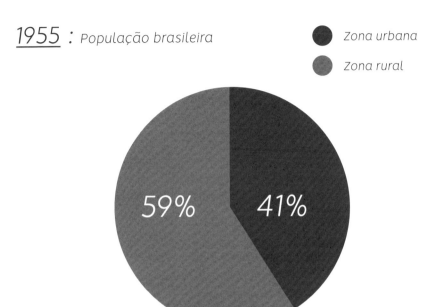

<u>2018</u> : *População brasileira*

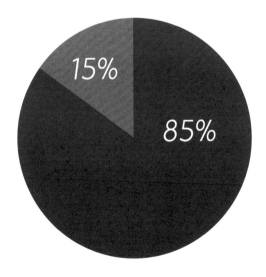

COMO A TECNOLOGIA EVOLUIU EM NOSSO PAÍS NAS ÚLTIMAS DÉCADAS

Um dos elementos centrais para acesso a novas mídias e diferentes tecnologias foi o avanço da internet e da comunicação móvel no Brasil. Em 1995, a Embratel iniciou seu serviço de acesso à internet via rede discada. Até então, o acesso era restrito, existindo quase que exclusivamente apenas em universidades (Arruda, 2011).

A banda larga chegou ao nosso país entre 1999 e 2000, permitindo, assim, acesso independente da linha telefônica e com velocidade superior: avançamos de 56 kilobytes por segundo para 256 kilobytes por segundo.

\o/ \o/ \o/ \o/ \o/ \o/ \o/ \o/ \o/ \o/

Embora o acesso à internet tenha aumentado, ainda estamos atrasados em comparação a países como Coreia do Sul (98,8% da população), Qatar (96%) (UN News, 2016) e Estados Unidos (88%) (Internetlivestats, 2016). No Brasil, em média 40,89% da população tem acesso à internet, mas existem diferenças significativas por região: no Nordeste, o acesso é inferior a 20%, e, no Sudeste, superior a 50% (54,4%) (Worldometers, 2017).

O principal impacto do aumento do acesso à tecnologia na educação é a disseminação de informações de maneira democrática entre todos. Se até 30 anos atrás as fontes de informação eram restritas a livros, escolas e mídias tradicionais (jornais, televisão, rádio), a partir da década de 1990, a informação se tornou aberta, e o acesso, praticamente irrestrito. Da mesma forma, qualquer pessoa passou a ter o **PODER DE DIVULGAÇÃO DE INFORMAÇÕES E CONHECIMENTOS** a partir de sua compreensão e perspectiva.

A PARTIR DESSA MUDANÇA NO CONTEXTO TECNOLÓGICO, QUAL A ROTINA DE UM JOVEM ESTUDANTE NOS DIAS DE HOJE?

Se tentarmos mapear as atividades diárias dos estudantes hoje, observaremos diferenças muito significativas em relação ao que foi descrito anteriormente quando retratamos a realidade dos estudantes da década de 1980. A única parcela do dia que não mudou é o **PERÍODO EM QUE ELES PERMANECEM NA ESCOLA**. Poderíamos descrever essa rotina assim:

ATIVIDADES DIÁRIAS DOS ESTUDANTES HOJE

 # 1 ACORDAR PELA MANHÃ com o despertador do celular, verificar as primeiras mensagens, navegar nas redes sociais.

 # 2 AULA PELA MANHÃ: encontro com colegas, interação, mas ainda com foco no professor. Entre os períodos de aula e no recreio, surge o espaço para a interação – na maioria das vezes mediada por um dispositivo móvel, mesmo que o colega esteja fisicamente presente.

 # 3 ALMOÇO EM CASA.

 # 4 À TARDE: além de atividades complementares ao currículo, as horas podem ser preenchidas com seriados, com vídeos do YouTube ou mesmo com uma interação virtual com amigos e colegas.

 # 5 FINAL DE TARDE: segue a rotina do período da tarde.

 # 6 JANTAR EM CASA.

 # 7 TEMAS/TAREFAS DA ESCOLA: os temas não são mais realizados em um momento específico, mas durante o contraturno, em constante interação com os colegas, com solicitação de ajuda, gravação de áudios de explicação, envio de fotografias com a tarefa. Além disso, vídeos de apoio são usados para compreender melhor as demandas dos professores.

As características principais desse período podem ser sintetizadas como segue:

INTERAÇÃO NA ESCOLA: ainda permanece a *passividade* dos alunos, mesmo com a tecnologia à disposição. O acesso à informação está ampliado – o aluno pode consultar, especialmente quando não está na escola, materiais que irão impactar em sua ação em aula.

CONTEXTO SOCIAL: as brincadeiras diminuem, e a interação social presencial também. Falamos com muitos amigos ao mesmo tempo, por meio de mídias *on-line*.

PRINCIPAL MÍDIA DE COMUNICAÇÃO: canais de vídeo, grupos virtuais de discussão, redes sociais.

CONSIDERANDO ESSAS QUESTÕES, QUAL O CAMINHO PARA O DESENVOLVIMENTO DE UM NOVO PARADIGMA PARA A EDUCAÇÃO?

Para transformar a educação, precisamos compreender os diferentes atores envolvidos nesses processos e as relações que são construídas a partir de sua interação. O que define a qualidade da educação é a compreensão e a projeção de novas dinâmicas e relações, que envolvam pais, professores e alunos, a partir das tecnologias e do engajamento coletivo em diferentes espaços físicos e virtuais. Os próximos capítulos discutirão esse tema. #

<<40:

REFERÊNCIAS

ARRUDA, F. 20 anos de internet no Brasil: aonde chegamos? *TecMundo*, 2011. Disponível em: <https://www.tecmundo.com.br/internet/8949-20-anos-de-internet-no-brasil-aonde-chegamos-.htm>. Acesso em: 10 abr. 2018.

FRIEDMANN, T. *Obrigado pelo atraso*. São Paulo: Objetiva. 2017. 592 p.

INTERNETLIVESTATS. 2016. Disponível em:< http://www.internetlivestats.com/internet-users/us/>. Acesso em: 10 abr. 2018.

ROBINSON, K. *Out of our minds: learning to be creative*. Oxford: Capstone, 2001.

TAPSCOTT, D. *Growing up digital: the rise of the net generation*. New York: McGraw-Hill, 1998.

UN NEWS. *Nearly 47 per cent of global population now online* – UN report. 2016. Disponível em: <http://www.un.org/apps/news/story.asp?NewsID=54931#.WjzybfmnHGg>. Acesso em: 10 abr. 2018.

UNITED NATIONS REPORT. *Nearly 47 per cent of global population now online*. 2016. Disponível em:<http://www.un.org/apps/news/story.asp?NewsID=54931#.WjzybfmnHGg>. Acesso em: 10 abr. 2018.

WORLDOMETERS. *Brazil population (live)*. 2018. Disponível em: <http://www.worldometers.info/worldpopulation/brazil-population/>. Acesso em: 20 nov. 2018.

associação
de pais aflitos

marcos piangers

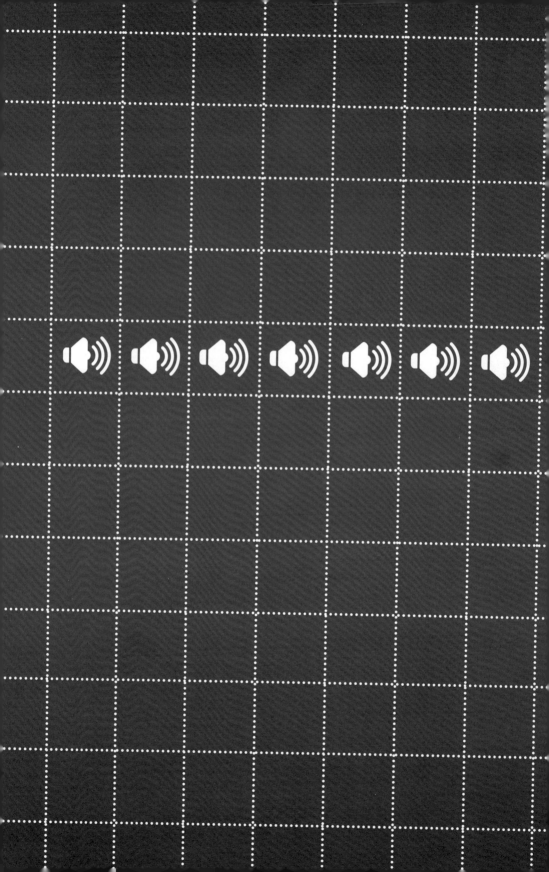

Não há pai mais orgulhoso do que aquele que percebe que seu filho está se desenvolvendo rapidamente. Uma criança que aprende a ler sozinha ou um bebê que começa a articular palavras antes do tempo médio terá sempre um adulto orgulhoso ao lado, mostrando para os amigos – e, às vezes, desconhecidos – as novas habilidades do prodígio.

Infelizmente, a animação não passa de uma bobagem. Alguns estudos comprovam que estimular crianças a ler e escrever mais cedo não significa sucesso acadêmico posterior. Como afirma o professor Larry Garf em seu livro *Hey, quit pushing: how we put children at risk by starting academics too early* (2016) (*Pare de pressionar: como estamos colocando nossos filhos em risco iniciando sua vida escolar precipitadamente* – tradução livre), com o amadurecimento das crianças, suas capacidades aumentam, e, em geral, todas aquelas atividades que deixam tantos pais deslumbrados se tornam triviais. Ou seja, em algum momento, todas as crianças vão falar, ler, escrever e fazer xixi sozinhas no banheiro. Não é isso que vai determinar o sucesso acadêmico e profissional de seu filho.

O pesquisador norte-americano Shawn Achor (2012) afirma que apenas 25% do sucesso profissional de uma pessoa pode ser previsto pelo quociente de inteligência (QI). Os outros 75% são consequência de um nível bem desenvolvido de otimismo, bom suporte social e capacidade de ver o estresse como desafio, não como ameaça. De acordo com um artigo publicado em 2005 por Justin Menkes na revista *Harvard Business Review*, habilidades como vocabulário, aritmética e raciocínio espacial, que sempre foram consideradas determinantes em testes de QI, têm pouca relevância no ambiente de trabalho. O êxito futuro parece estar muito mais ligado à capacidade de desenvolver inteligência emocional, descrita no livro de **DANIEL GOLEMAN** (1995) por meio de quatro elementos:

autoconhecimento
autorregulação
motivação interna
empatia

A QUESTÃO É:
COMO DESENVOLVER ESSAS HABILIDADES NAS CRIANÇAS?

Os pais podem ajudar incentivando a análise constante do que seus filhos estão sentindo e de por que estão respondendo de determinada forma. Desenvolver o autoconhecimento e a autorregulação é um exercício para pais, filhos e professores. Incentivá-los a desenvolver motivação interna, também.

Quando um pai ou professor elogia um garoto dizendo "Você é inteligente!", está incentivando a criança a acreditar que a inteligência é algo que lhe foi dado, ou seja, um fator externo. De outra forma, quando o jovem ouve "Você se esforçou!", está sendo levado a acreditar que suas conquistas vêm dele.

Na psicologia, essa área responsável por receber e interpretar incentivos é conhecida como "*locus* de controle". Pessoas com um "*locus* de controle" interno acreditam que têm o controle de sua vida, enquanto pessoas com um "*locus* de controle" externo acreditam que suas vidas são controladas muito mais pelas condições e o ambiente em que estão ou por fatores como destino ou predestinação. Diversos estudos demonstram que pessoas com um "*locus* de controle" interno têm mais iniciativa e segurança para resolver problemas, enquanto pessoas com "*locus* de controle" externo têm mais sentimentos de impotência e estão mais propensas a desenvolver ansiedade e depressão (Li; Chung, 2009). Os pais deveriam, portanto, começar motivando seus filhos a desenvolver um "*locus* de controle" interno, a noção de que são senhores de seu destino.

Outro conselho para o aprendizado infantil vem do astrofísico americano Neil deGrasse Tyson: DEIXE A CRIANÇA MANTER SEU ESPÍRITO CURIOSO. Como ele afirmou em um evento na Montclair Kimberley Academy, em 2010, CRIANÇAS SÃO PEQUENOS CIENTISTAS EXPLORANDO E TESTANDO TUDO O QUE PODEM.

> Toda vez que uma criança estiver fazendo algo, desde que não a coloque em risco, é um experimento. Deixe acontecer. Mesmo que faça bagunça. [...] Porque essas sementes de curiosidade é que são a fundação para o que representa ser um cientista.
>
> (Tyson; Colbert, 2011, documento *on-line*)

Contudo, mesmo que você tenha incentivado o desenvolvimento do "*locus* de controle" interior de seu filho e permita que ele instigue sua curiosidade com experimentos científicos infantis, chegará o dia de decidir em qual escola ele irá estudar – e essa decisão costuma ser uma grande dor para muitos pais.

Os pais escolhem as escolas conforme alguns critérios, entre eles a qualidade do ensino, a distância de casa e as atividades extracurriculares (Kamenetz, 2015). Em famílias de baixa renda, a distância e a qualidade dos professores são mais importantes, enquanto nas famílias de renda mais alta

a promoção do aprendizado efetivo e a *performance* em testes têm maior relevância (Wespieser; Durbin; Sims, 2015). Porém, a sensação é a de que, com algumas exceções, nenhum pai está satisfeito com a escola de seu filho. A quantidade de informação disponível é tão grande que vivemos uma espécie de FOMO (*fear of missing out*, ou medo de estar perdendo algo), a sensação de que em algum lugar existe uma escola melhor do que aquela em que nossos filhos estudam.

Certa vez, vasculhando livros sobre educação em uma biblioteca, entre volumes de Jean Piaget e Erik Erikson, encontrei um pequeno livro sobre escolas intitulado *A vida na escola e a escola da vida* (1991), com ilustrações do humorista Claudius Ceccon, conhecido por seu trabalho no *Pasquim* e na revista *Pif Paf*. Uma das ilustrações me chamou a atenção: eram grupos de pais, professores e crianças, apontando-se mutuamente e dizendo: "Os culpados são eles!". Pensei comigo mesmo: "Este desenho é incrivelmente atual. Diversas vezes, em reuniões escolares, me sinto assim". Quando verifiquei a data do desenho, descobri que era de 1982. A escola, aparentemente, nunca estará pronta, e sempre teremos conflitos entre o que querem os pais, o que precisam os alunos e o que acreditam os professores.

Conversando com um amigo proprietário de uma escola no interior do Rio Grande do Sul, ouvi que agradar a todos os pais é uma tarefa árdua demais. "Se fazemos aulas experimentais de observação no pátio, pais mais conservadores questionam o que os filhos estão fazendo fora da sala de aula. Se focamos no conteúdo teórico, pais mais progressistas mostram-se insatisfeitos com a falta de inovação da escola", afirmou. Esse é um ponto importantíssimo na percepção dos caminhos que levaram a escola a ser como é hoje. Uma parte das instituições de ensino se tornou empresas. Nessa lógica, nenhum cliente pode ser desconsiderado, e a escola se torna um meio-termo entre aquilo que a coordenação pedagógica acredita e aquilo que os pais querem. A experimentação perde espaço: pais que pagam mensalidades caríssimas querem uma educação certificada, que não envolva qualquer tipo de renovação. A maioria dos pais optará por um modelo tradicional. Pais que acreditam em uma educação inovadora e inspirada no que há de mais moderno nas experiências pedagógicas mundiais se sentem frustrados.

Perdidos e insatisfeitos, rodeados de tanta informação e possibilidades, os pais se sentem inseguros.

> *Será que estão acertando na educação que oferecem aos seus filhos?*

Somos a primeira geração de pais que acessam a internet. A primeira geração de pais com acesso a uma infinidade de informações. O conhecimento nos traz uma angústia: estamos fazendo a coisa certa? Imagine que, antes de acessar a *web* e sua vasta rede de informações, éramos muito mais satisfeitos com as escolas disponíveis na nossa cidade. Não sabíamos que era possível oferecer às crianças educação inovadora e que de fato as prepare para as profissões do futuro. Sempre quisemos dar a melhor educação possível para nossos filhos, mas agora, com tantas iniciativas pedagógicas inspiradoras aparecendo todos os dias na tela de nossos celulares, a melhor educação possível mudou de patamar.

Nossos filhos, nascidos em ambientes digitais, questionam constantemente as ineficiências analógicas. E entre elas está a obrigatoriedade de uma educação presa à escola. "POR QUE TENHO QUE IR PRA ESCOLA?", perguntam as crianças. Essa é uma das perguntas que todos os pais já ouviram algumas vezes. As crianças nos perguntam por que têm que frequentar a escola todos os dias, por muitas horas e sempre no mesmo horário. Durante muito tempo, a resposta para essa pergunta era clara: se você for para a escola, poderá estar preparado para o vestibular. Passando no vestibular, você terá um diploma, o que garantirá uma vaga no mercado de trabalho. Se você estiver empregado, poderá ter estabilidade e, com o tempo, terá a oportunidade de sustentar uma família.

Porém, a resposta não está tão clara hoje em dia. Frequentar uma boa escola não garante a qualificação para uma universidade; cursar uma universidade não garante mais um bom emprego; e conseguir um bom emprego não é sinônimo de estabilidade. O modelo educacional, portanto, começa a ser questionado por pais que, assim como todas as gerações anteriores, querem dar aos filhos uma vida com alguma perspectiva de um futuro tranquilo.

Nos últimos anos, repetimos tantas vezes a história do homem antigo que, se viajasse no tempo, ficaria abismado com todas as mudanças na sociedade (telefones celulares, compras pela internet, automação de postos de trabalho, arranha-céus moderníssimos), mas que se sentiria perfeitamente confortável em uma sala de aula. A crítica é: a escola é o único ambiente que não mudou nos últimos cem anos. O que não é verdade. Iniciativas espalhadas por vários países propuseram um novo tipo de educação, em movimentos como a Escola Moderna na Catalunha, a Pedagogia Waldorf na Alemanha, o Método Montessori na Itália e as Escolas Democráticas na Inglaterra, todas propostas criadas na primeira metade do século XX que se espalharam pelo mundo e permanecem em atividade até hoje. A ESCOLA ESTEVE SEMPRE PASSANDO POR TRANSFORMAÇÕES, APENAS NÃO NA VELOCIDADE QUE PAIS MAIS EXIGENTES GOSTARIAM.

Alguns desses pais mais exigentes tomaram as rédeas da educação dos filhos, seja incentivando o estudo das matérias em casa, seja assumindo

o papel de professor por completo. No primeiro ponto, podemos destacar a história de Toru Kumon, o criador do método de estudos Kumon, que, em 1954, desenvolveu um sistema de estudos para seu filho com dificuldades em matemática. O Kumon se baseia em um material didático autoinstrutivo que, acompanhado de consultas semanais a professores, dá ao estudante autonomia e velocidade no aprendizado. Pode-se dizer que é um método personalizado, já que cada aluno tem seu ritmo e acompanhamento.

No segundo ponto, podemos citar o *homeschooling*.

Embora o *homeschooling* não seja legalizado no Brasil,[1] mais de 3 mil famílias já aderiram ao modelo. São cerca de 6 mil crianças sendo educadas em casa, segundo a Associação Nacional de Educação Domiciliar (Aned) (Palhares, 2016). Nos Estados Unidos, o número de crianças em *homeschooling* passava de 1,5 milhão há 10 anos (Institute of Education Sciences, 2008). Uma variação dessa modalidade de educação doméstica é o *unschooling*, em que os pais ou cuidadores coordenam uma série de atividades sem se prender ao currículo escolar.

O termo *unschooling*, ou não escolarizado, foi cunhado, na década de 1970, pelo autor, ex-professor e teórico educacional John Holt, sendo inicialmente descrito na revista *Growing Without Schooling*.

Com mais de 9 milhões de *views* no *YouTube*, o *talk* do jovem de 13 anos LOGAN LAPLANTE na conferência TEDxUniversityofNevada jogou luz na questão do *unschooling*. "EU CHAMO DE HACKSCHOOLING: FELICIDADE, CRIATIVIDADE, EXPERIÊNCIAS E TECNOLOGIA", afirmou. Logan estuda matemática, ciências, história e gramática por conta própria com o auxílio dos pais e da internet, mas tenta equilibrar seu currículo seguindo os oito tópicos para uma vida feliz segundo uma pesquisa do DR. ROGER WALSH, de 2011.

OS OITO TÓPICOS PARA UMA VIDA FELIZ

 # 1 *exercícios*

 # 2 *dieta nutricional*

 # 3 *tempo na natureza*

 # 4 *voluntariado*

 # 5 *socialização*

 # 6 *recreação*

 # 7 *relaxamento*

 # 8 *espiritualidade*

DR. ROGER WALSH

"É SOBRE SER CRIATIVO", afirma o jovem Logan ao final de sua palestra. "É SOBRE FAZER AS COISAS DE FORMA DIFERENTE, É SOBRE COMUNIDADE E SOBRE AJUDAR OS OUTROS", completa (LaPlante, 2013, documento *on-line*). Um estudo de Peter Gray e Gina Riley, do Boston College e Hunter College, lançado em 2013, analisou o desempenho de 75 jovens não escolarizados e concluiu que algumas das vantagens do *unschooling* segundo sua percepção são o desenvolvimento de um senso de responsabilidade pessoal, automotivação e desejo de aprender. Entre as desvantagens, destacou-se lidar com a crítica dos outros com relação ao processo de *unschooling* (Gray; Riley, 2015).

A PERCEPÇÃO DE QUE O MUNDO ESTÁ MUDANDO RÁPIDO DEMAIS É ANGUSTIAN-
TE, ESPECIALMENTE SE VOCÊ NÃO SABE COMO SERÁ O FUTURO DE SEU FILHO.
Os pais apresentam uma série de inseguranças com relação ao ensino de
seus filhos, das quais podemos destacar:

FORMAÇÃO TECNOLÓGICA: ante a adoção em massa de dispositivos
como *tablets* e *smartphones*, parece claro aos pais que o conhecimento está disponível e acessível a qualquer criança. Pais com essa
percepção esperam que a escola seja um ambiente de interação com
novidades tecnológicas e preparo para o futuro. Instituições com estudo de programação e robótica ganham relevância, assim como o
estudo de inglês. As escolas bilíngues e de programação para crianças, como a Happy Code[2] e a SuperGeek,[3] apresentam crescimento
expressivo no Brasil, seguindo uma tendência mundial.

FORMAÇÃO HUMANA: como uma espécie de reflexo do uso abundante
de tecnologias, alguns pais buscam na instituição de ensino uma rea-
proximação de valores sociais e culturais. Na visão desses pais, instituições que permitam contato com a natureza, expressões artísticas,
como pintura e teatro, e noções básicas de vida em sociedade são as
mais relevantes.

As duas visões podem parecer antagônicas, a primeira mais competitiva e a
segunda mais coletiva. Porém, elas não se anulam. É perfeitamente possível
que uma escola ofereça contato com a natureza e expressão artística e, ao
mesmo tempo, noções de programação e robótica. Essa seria, de fato, uma
formação completa para o futuro. No estudo *The future of jobs*, de 2016,
o Fórum Econômico Mundial afirma que entre as habilidades mais necessárias para as profissões do futuro estão (Gray, 2016):

:53 >>

HABILIDADES MAIS NECESSÁRIAS PARA AS PROFISSÕES DO FUTURO

> **# 1** *resolução de problemas complexos*
>
> **# 2** *pensamento crítico*
>
> **# 3** *criatividade*
>
> **# 4** *gerenciamento de pessoas e*
>
> **# 5** *coordenação de grupos*

Uma formação que dê noções de tecnologia e incentive o lado criativo e social dos alunos parece ser a ideal (exploraremos mais as competências para o século XXI no decorrer deste livro).

O pensamento crítico e a criatividade, apontados como tão importantes, parecem ser abafados pelos métodos escolares atuais, em vez de incentivados.

Como diz **KEN ROBINSON** em sua palestra "SERÁ QUE AS ESCOLAS MATAM A CRIATIVIDADE?", na conferência TED,

> Hoje administramos os sistemas educacionais de um jeito em que errar é a pior coisa que pode acontecer. O resultado é que estamos educando as pessoas para serem menos criativas.

O ponto é: se as máquinas substituirão os trabalhos braçais e automatizáveis, por que não estamos preparando nossos filhos para as habilidades promissoras, como inovação e criatividade?

Mantendo a formação clássica em que o aluno não pode errar ou arriscar, estamos treinando nossas crianças para serem menos preparadas para o futuro.

Dois alunos do Massachusetts Institute of Technology (MIT) que decidiram desenvolver uma pulseira para capturar a atividade eletrodermal de um jovem sadio publicaram, em 2010, os resultados de seu trabalho em um relatório (Poh; Swenson; Picard, 2010). Ao acompanhar um estudante por sete dias, eles perceberam que os momentos com **MENOR REGISTRO DE ATIVIDADE** no dia do garoto foram aqueles em que ele **ASSISTIA À TELEVISÃO** e quando **ASSISTIA A AULAS**.

As *atividades em laboratório* e a *resolução de problemas* como *tarefas de casa* foram percebidas *como bastante estimulantes.*

MAS A SALA DE AULA PARECIA UM CEMITÉRIO.

Para evitar essa passividade, algumas escolas empregam técnicas como discussões em grupo, sala de aula invertida (em que os alunos estudam em casa e fazem exercícios na aula, tirando dúvidas com o professor), aprender fazendo (*learning by doing*), aprender com experiências e aprender ensinando (*learning by teaching*, quando os alunos explicam os tópicos da matéria para colegas).

A escola, sem dúvida, pode fazer muito mais para estimular os alunos. E os pais?

Conheci o casal William e Karla quando estava em Portugal, lançando meu primeiro livro. Ambos estavam em uma busca ao redor do mundo por métodos de ensino revolucionários e ansiosos por encontrar caminhos para educar a pequena Olívia, que tinha cerca de 6 meses de idade na época. Os dois pretendem lançar um livro, com o título provisório de *A melhor escola do mundo*.

William conta que, desde que começou a pesquisa, percebeu na maioria dos pais uma demanda por padronização e para que o modelo educacional não sofra mudanças significativas. "A MAIORIA DESSES PAIS ACHA QUE AS IDEIAS DE NOVOS MÉTODOS DE ENSINO SÃO MUITO BONITAS, MAS ACREDITAM QUE SEUS FILHOS PRECISAM MESMO É TER UMA PROFISSÃO QUE PROPORCIONE UM FUTURO 'SEGURO'. Eles só querem ver o filho 'bem na vida'. E, para essa grande maioria, a educação que conhecemos como tradicional parece ser a forma mais segura de chegar lá", conta.

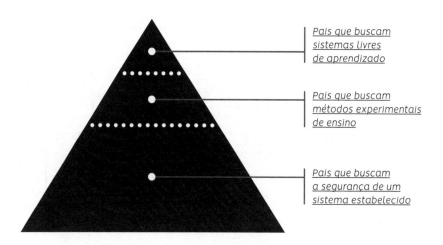

Pais que buscam sistemas livres de aprendizado

Pais que buscam métodos experimentais de ensino

Pais que buscam a segurança de um sistema estabelecido

Além dessa camada preponderante de pais que buscam a preservação do modelo atual, há pais que percebem que uma escola com novos métodos é benéfica em dois sentidos: além de preparar as crianças para o futuro, também parece mantê-las mais felizes. Essa observação pode ser especialmente estimulante, já que aponta que ESCOLAS QUE INCENTIVAM A AUTONOMIA E O PENSAMENTO CRIATIVO NÃO APENAS PREPARAM AS CRIANÇAS PARA REALIZAR ALGO, MAS TAMBÉM PARA QUE SE AUTORREALIZEM.

O casal afirma que, durante a viagem, ainda constatou a existência de um terceiro grupo de pais. Trata-se de um pequeno grupo que PARTICIPA ATIVAMENTE DA EDUCAÇÃO DOS FILHOS e permite que eles tenham LIBERDADE PARA ESCOLHER O QUE QUEREM APRENDER. "É um grupo muito pequeno de pais que ajudam os filhos a decidir o que e como querem aprender", conta William. "Nas escolas democráticas, as crianças participam propondo mudanças e decidem quais são as prioridades para seu aprendizado. Questionam, mudam as regras, e não é uma anarquia, elas se sentem parte do processo e por isso cuidam para que funcione", declara.

Para William e Karla, o mais importante é que os pais incentivem os filhos a serem questionadores.

Eles afirmam:

O maior problema da grande maioria das escolas é a aversão ao risco e ao fracasso, por isso preferem seguir o livro a inventar novos caminhos. É um problema fundamental que prejudica todo o resto, transformando a maioria dos alunos em pessoas medianas. Acreditamos que a tecnologia tem sua função como ferramenta facilitadora do acesso à informação, mas é preciso ter o pensamento crítico bem formado e a capacidade de resolução de problemas, e principalmente ser bom em fazer perguntas.

A capacidade de responder às questões ==FUGINDO== da =="RESPOSTA CERTA"== é muito bem testada em um experimento conduzido pelo cientista ==ELAD SEGEV== na escola Ramat Hasharon, em Israel.

Em uma turma de ==ESTUDANTES DE 9 ANOS DE IDADE==, cada criança recebeu um ==PAPEL COM UM TRIÂNGULO DESENHADO NO MEIO== e o seguinte enunciado:

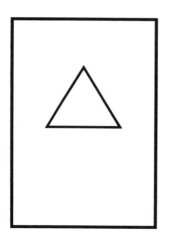

"Os alunos que completarem o desenho corretamente ganharão um ponto".

Boa parte dos alunos demorou ==MENOS DE 1 MINUTO== para entregar o exercício resolvido, e ==80%== usaram apenas ==DUAS CORES== para desenhar ==UM QUADRADO ABAIXO DO TRIÂNGULO==, criando ==UMA SIMPLES CASA==. Algum tempo depois, o mesmo papel com um triângulo foi entregue para as crianças, agora com um enunciado diferente:

"Complete o desenho", dizia, apenas.

O ==RESULTADO FORAM DESENHOS VARIADOS==, castelos, pipas, gatos, sapos voadores, alienígenas, usando uma média de ==CINCO CORES DIFERENTES== e ==OCUPANDO TODO O TEMPO OFERECIDO PARA A ATIVIDADE== (5 minutos). Nessa segunda etapa do experimento, ==NENHUMA CRIANÇA DESENHOU UMA CASA== (Segev, 2014).

Nas últimas décadas, as pesquisas sobre o impacto de pais interessados na educação dos filhos têm apontado diferentes resultados. Na pesquisa do Todos pela Educação, lançada em 2014, percebeu-se a importância de pais incentivadores para o bom desempenho dos alunos (Todos pela Educação, 2014). Um estudo descrito por William H. Jeynes no Harvard Family Research Project diz que O ENVOLVIMENTO DOS PAIS É FUNDAMENTAL PARA O MELHOR DESEMPENHO ESCOLAR DOS FILHOS e que alguns comportamentos são especialmente estimulantes, como LER PARA O FILHO e DEMONSTRAR EXPECTATIVA PELO BOM DESEMPENHO ESCOLAR da criança (Jeynes, 2005).

Uma extensa pesquisa realizada por KEITH ROBINSON e ANGEL L. HARRIS revelou que os pais deveriam incentivar, mas não realizar as tarefas pelos alunos.

A maioria dos pais parece ser ineficaz em ajudar os filhos com a lição de casa. Ainda mais surpreendente para nós foi que, quando os pais ajudaram regularmente com a lição de casa, as crianças costumavam ir pior nas provas, (Robinson; Harris, 2014).

Os pais deveriam investir tempo e paciência em métodos que ajudem as crianças a se desenvolver.

O fato é que a escola não pode ser um depósito de crianças, ou apenas um lugar onde os pais podem deixar os filhos para ir trabalhar. A formação educacional dos jovens é parte fundamental da criação dos filhos, um projeto de longo prazo que, com a participação dos pais, se torna mais impactante e eficiente. #

REFERÊNCIAS

ACHOR, S. O segredo feliz para trabalhar melhor. *YouTube*. 2012. Disponível em: <https://www.youtube.com/watch?v=fLJsdqxnZb0>. Acesso em: 13 set. 2018.

CECCON, C. A vida na escola e a escola na vida. 23.ed. Petrópolis: Vozes, 1991.

GARF, L. *Hey, quit pushing:* how we put children at risk by starting academics too early. [S.l.]: CreateSpace Independent Publishing Platform, 2016. 126 p.

GOLEMAN, D. *Inteligência emocional*: a teoria revolucionária que redefine o que é ser inteligente. São Paulo: Objetiva, 1995.

GRAY, A. The 10 skills you need to thrive in the Fourth Industrial Revolution. World Economic Forum. 2016. Disponível em: <https://www.weforum.org/agenda/2016/01/the-10-skills-you-need-to-thrive-in-the-fourth-industrial-revolution/>. Acesso em: 13 set. 2018.

GRAY, P.; RILEY, G. Grown unschoolers' evaluations of their unschooling experiences: report i on a survey of 75 unschooled adults. Other Education: The Journal of Educational Alternatives, v. 4, n. 2, p. 8-32, 2015. Disponível em: <https://www.psychologytoday.com/sites/default/files/Published%20Grown%20Unschoolers%20I.pdf>. Acesso em: 13 set. 2018.

NOTAS

1 Em resolução de 12 de setembro de 2018, o Supremo Tribunal Federal vetou a prática de *homeschooling* no País.
2 HAPPY CODE. c2017. Disponível em: <http://www.happycode.com.br/>. Acesso em: 13 set. 2018.
3 SUPER GEEKS. 2018. Disponível em: <http://supergeeks.com.br/>. Acesso em: 13 set. 2018.

HAPPY CODE. c2017. Disponível em: <http://www.happycode.com.br/>. Acesso em: 13 set. 2018.

INSTITUTE OF EDUCATION SCIENCE. 1.5 Million Homeschooled Students in the United States in 2007. *Issue Brief,* 2008. Disponível em: <https://nces.ed.gov/pubs2009/2009030.pdf>. Acesso em: 13 set. 2018.

JEYNES, W.A. Parental involvement and student achievement: a meta-analysis. Harvard Family Research Project, 2005. Disponível em: <https://www.lemosandcrane.co.uk/dev/resources/www-hfrp-org.pdf>. Acesso em: 13 set. 2018.

KAMENETZ, A. A new study reveals much about how parents really choose schools. *nprEd, How Learning Happens.* 2015. Disponível em: <https://www.npr.org/sections/ed/2015/01/15/376966406/a-new-study-reveals-much-about-how-parents-really-choose-schools>. Acesso em: 13 set. 2018.

LAPLANTE, L. TEDx Hackschooling makes me happy. YouTube. 2013. Disponível em: <https://www.youtube.com/watch?v=h11u3vtcpaY>. Acesso em: 13 set. 2018.

LI, H.C.; CHUNG, O.K. The relationship between children's locus of control and their anticipatory anxiety. *Public health nursing,* v. 26, n. 2, 2009. Disponível em: <https://www.ncbi.nlm.nih.gov/pubmed/19261154>. Acesso em: 13 set. 2018.

LAPLANTE

MENKES, J. Hiring for Smarts. *Harvard Business Review*. 2005. Disponível em: <https://hbr.org/2005/11/hiring-for-smarts>. Acesso em: 13 set. 2018.

PALHARES, I. País já tem pelo menos 6 mil crianças sendo educadas em casa pela família. *Estadão*, 2016. Disponível em: <https://educacao.estadao.com.br/noticias/geral,pais-ja-tem-pelo-menos-6-mil-criancas-sendo-educadas-em-casa-pela-familia,10000096431>. Acesso em: 13 set. 2018.

POH, M.-Z.; SWENSON, N. C.; ROSALIND, W. A wearable sensor for unobtrusive, long-term assessment of electrodermal activity. *IEEE Transactions on biomedical engineering*, v.57, n. 5, p. 1243-1252, 2010. Disponível em: <http://affect.media.mit.edu/pdfs/10.Poh-etal-TBME-EDA-tests.pdf>. Acesso em: 13 set. 2018.

ROBINSON, K.; HARRIS, A. Parental involvement is overrated. The New York Times, 2014. Disponível em: <https://opinionator.blogs.nytimes.com/2014/04/12/parental-involvement-is-overrated/>. Acesso em: 13 set. 2018.

ROBINSON, K. Será que as escolas matam a criatividade? TED Talks. 2006. Disponível em: <https://www.ted.com/talks/ken_robinson_says_schools_kill_creativity?language=pt-br#t-1473>. Acesso em: 13 nov. 2018.

SEGEV, E. *When there is no correct answer a lesson in creativity*. 2014. Disponível em: <http://www.ourboox.com/books/when-there-is-no-correct-answer-a-lesson-in-creativity/>. Acesso em: 13 set. 2018.

SUPER GEEKS. c2018. Disponível em: <http://supergeeks.com.br/>. Acesso em: 13 set. 2018.

TODOS PELA EDUCAÇÃO. Atitudes pela Educação. 2014. Acesse em: https://www.todospelaeducacao.org.br//arquivos/biblioteca/pesquisa_atitudes_pela_educacao_.pdf

TYSON N. D.; COLBERT, S. Let Your Kids Break Stuff. *Youtube*. 2011. Disponível em: <https://www.youtube.com/watch?v=eaVBDPAy-SI>. Acesso em: 13 set. 2018.

WESPIESER, K.; DURBIN, B.; SIMS, D. *School choice*: the parent view. Slough: NFER, 2015. Disponível em: <https://www.nfer.ac.uk/publications/IMPB01/IMPB01.pdf>. Acesso em: 13 set. 2018.

:63 >>

3 professores, para onde vamos?

gustavo borba

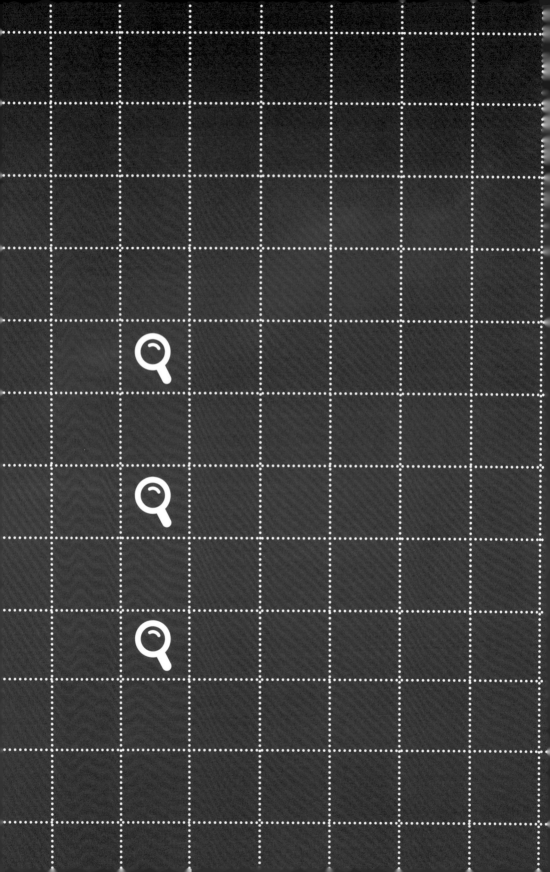

Muitos recortes podem ser feitos para compreender o papel dos professores e a evolução da educação ao longo do tempo, em diferentes partes do mundo. É inegável, por exemplo, o papel de Confúcio (551–479 a.C.), como um dos primeiros professores, impactando o currículo das escolas chinesas por muito tempo. Da mesma forma, muitos pesquisadores consideram Platão como um dos primeiros educadores da história. A ideia de interação, conversação, debate e questionamento está na centralidade de sua proposta.

Independentemente da perspectiva, do momento histórico ou da escola que avaliarmos, a concepção do professor esteve historicamente relacionada ao sábio, com muito conhecimento sobre determinado tema (conhecimento vertical) e a compreensão sobre diferentes áreas que se conectam com seu saber central (conhecimento horizontal). Além do conhecimento profundo sobre um tema e sua conexão com os problemas e questões pertinentes para aquela época, os professores historicamente tinham competências relacionadas a sua capacidade de expressão, retórica e comunicação. Sua atividade era de disseminação de seu conhecimento para os alunos, gerando, assim, uma transformação em si e no outro. Essa perspectiva não se modificou muito ao longo do tempo, sendo o professor considerado a fonte de conhecimento nos espaços formais e informais de educação até recentemente.

:67 >>

Pode-se dizer que a mudança em nosso papel como professores está relacionada à mudança de paradigma que vivemos a partir do final do século XX. Fenômenos de impacto mundial, como a globalização, o maior acesso à informação e, mais recentemente, os espaços digitais e virtuais construídos a partir da tecnologia e do surgimento da internet, transformaram muitas profissões, entre elas a profissão professor.

As escolas (ou as universidades), que se desenvolveram ao longo do tempo como espaços para a formação dos alunos de acordo com um currículo rígido e bem definido, começaram a se modificar. Se até o final do século XX buscávamos formar pessoas iguais a partir do atingimento de determinado desempenho (uma nota média), mais recentemente passamos a compreender as diferenças entre os alunos e a necessidade de tratar cada um de maneira distinta.

QUEM SÃO NOSSOS PROFESSORES?

Em recente pesquisa, jovens do ensino médio foram questionados sobre sua carreira futura, procurando-se entender se eles haviam pensado em ser professores e se buscariam essa profissão (Todos pela Educação, 2018).

Embora mais de um terço dos jovens tenha interesse na carreira docente, apenas 14,1% a apontaram como aquela que pretendem seguir. Os motivos para a desistência estão relacionados ao pouco respeito dos alunos com os professores, ao baixo salário e ao baixo reconhecimento da sociedade.

Cabe aqui destacar o estudo *Education at a Glance*, feito anualmente pela Organização para a Cooperação e Desenvolvimento Econômico (OECD, 2017), que apresenta um diagnóstico do sistema de educação em diferentes países. NA COMPARAÇÃO ENTRE 40 PAÍSES, O BRASIL É O ANTEPENÚLTIMO EM TERMOS DE SALÁRIO EM INSTITUIÇÕES PÚBLICAS, À FRENTE APENAS DA ESLOVÁQUIA E DA LETÔNIA.

Além de a maioria dos alunos já não escolher a profissão professor, APENAS 51% DOS ESTUDANTES DE PEDAGOGIA CONCLUEM SUA FORMAÇÃO (Idoeta, 2017). ENTRETANTO, MESMO COM TODAS AS DIFICULDADES E A FALTA DE RE-CONHECIMENTO, SER PROFESSOR É ALGO ÚNICO.

> *É difícil imaginar outra profissão que tenha o poder de transformação da sociedade a partir da interação com o outro. Por conta disso, continuamos tendo professores em nossas salas de aula e continuamos tendo inspiração.*

Uma vez que hoje existe mais acesso à informação e em diferentes canais, o papel do professor como alguém que desenvolve competências múltiplas além das clássicas de comunicação se torna ainda mais importante. Ser professor é transformar a realidade social, mesmo que ainda não exista esse claro reconhecimento em nosso país.

:69 >>

Em um de seus discursos anuais para a nação, o ex-presidente norte-americano Barack Obama demonstrou a importância dos professores para a transformação de um país, proferindo a clássica frase utilizada pelo exército norte-americano (*Your country needs you*):

> Se você quer fazer a diferença em sua nação, se você quer fazer a diferença na vida de uma criança, se torne um professor. Seu país precisa de você. (New York Times, 2011, tradução nossa, documento *on-line*)

Essa frase, dita pela autoridade máxima de um país, mostra a importância da profissão em uma nação. Outros exemplos de nações que se transformaram a partir da educação reforçam o papel fundamental dos professores. Na FINLÂNDIA, por exemplo, A PROFISSÃO PROFESSOR TEM O MESMO *STATUS* QUE A FORMAÇÃO EM MEDICINA OU ENGENHARIA.

Nosso desafio atualmente é compreender isso, construir uma mudança e reforçar as competências necessárias para a atuação dos professores em um ambiente conectado, global, digital e com informação disponível a baixo custo. Para mantermos a relevância dos professores e ampliar esse processo de transformação social, é necessário o desenvolvimento de novas competências.

Se os professores mantiverem sua ação e competências restritas ao que faziam no período anterior à internet, certamente a relevância de seu papel será cada vez menor. Isso porque tradicionalmente os professores desempenharam um papel específico, sem explorar todo o seu potencial transformador, especialmente na relação com jovens estudantes.

Se olharmos para as competências dos professores, para além do que colocavam em prática até o final do século XX, fica claro que, no momento em que a informação está disponível para todos, o papel dos professores se transforma, mas torna-se ainda mais relevante.

Diferentes autores têm discutido as competências que um professor deve ter para atuar em sala de aula no século XXI; entretanto, cabe destacar que, além das competências, o professor assume distintos papéis dentro e fora da sala de aula. Harden e Crosby (2000) descreveram **12 PAPÉIS DOS PROFESSORES QUE ATUAM NA FORMAÇÃO MÉDICA**, os quais podem ser adaptados a diferentes contextos. Os papéis se desdobram a partir de seis eixos e envolvem atividades históricas dos professores (**1** fornecer informação), avançam para questões atitudinais (**2** ser o modelo para os alunos) e promovem um cuidado maior com os alunos (**3** facilitador, **4** mentor/assessor) e um olhar para a projeção da atividade didática (**5** planejador e **6** desenvolvedor de recursos materiais).

A SEGUIR, DESTACAMOS OS PRINCIPAIS PAPÉIS DE UM PROFESSOR NO CONTEXTO DA SALA DE AULA, A PARTIR DE NOSSA COMPREENSÃO:

**CURADOR:** com tanta informação acessível, muitas das quais apresentando equívocos importantes, é fundamental uma curadoria para que a construção do conhecimento avance coletivamente. Partindo da premissa de que os professores têm um maior nível de discernimento e de compreensão sobre os temas em estudo, cabe a eles um processo claro de curadoria do que deve ser utilizado.

MEDIADOR: se anteriormente os alunos ouviam o professor o tempo todo, na sala de aula do século XXI, são eles que trazem a informação para a aula e permitem a construção de um debate. Dessa forma, o professor exerce uma função diferente. Antes, era o apresentador, trazendo o conteúdo e o descrevendo. Agora, é o mediador, recebendo as informações e adaptando sua ação a uma constante conexão entre o conteúdo que deve ser desenvolvido e as informações trazidas pelos alunos para o debate.

MENTOR: a ação de mentoria pressupõe o cuidado com o outro, a liderança e a conexão e cooperação para o desenvolvimento do conhecimento. Nos dias atuais, buscamos um processo de ensino e aprendizagem personalizado e que tenha impacto na formação integral. Dessa forma, um processo de mentoria um para um se torna ainda mais relevante.

A PARTIR DESSA MUDANÇA NOS PAPÉIS DO PROFESSOR, QUAIS AS COMPETÊNCIAS NECESSÁRIAS?

MICHAEL FULLAN, em seu artigo *Why teachers must become change agents* (1993), apontava que os professores devem ser agentes de mudança e, para isso, devem desenvolver diferentes competências. Nesse artigo, Fullan descreve os 12 princípios para ação propostos no livro que escreveu com Andy Hargreaves (1991) como elementos para apoiar uma transformação nos espaços de aprendizagem em sala de aula. Nessa proposta, a centralidade está na mudança do papel do professor, construindo o conceito de "profissionalismo interativo". Entre os princípios, cabe destacar a importância do AUTOCONHECIMENTO, da REFLEXÃO NA AÇÃO E SOBRE A AÇÃO e da CONSTRUÇÃO DE UMA MENTALIDADE QUE ACEITE O RISCO E PROMOVA A CONFIANÇA nos processos e nas pessoas. Um dos elementos centrais da proposta dos autores é o monitoramento e a conexão entre o desenvolvimento do professor e o desenvolvimento dos alunos.

Fica claro, nessa abordagem, que o processo de aprendizagem é construído a partir de um processo contínuo de interação. Transformamos e somos transformados. Ensinamos e aprendemos. O ponto-chave na proposta dos autores é como transformar nossa prática a partir dessa consciência e compreensão.

CYNTHIA SCOTT, no artigo *The futures of learning* (2015), associa a perspectiva das competências e do desenvolvimento profissional do professor às competências que os alunos devem desenvolver para o século XXI. A hipótese é a de que estamos vivendo em um ambiente complexo e com novos papéis. Se pensarmos especificamente na sala de aula, os alunos passam de espectadores a ATORES ATIVOS NO PROCESSO DE APRENDIZAGEM. Para MCLOUGHLIN e LEE (2008), essa mudança, entre outras, gera a NECESSIDADE DE UMA NOVA PEDAGOGIA, que considere o processo de PERSONALIZAÇÃO, PARTICIPAÇÃO e PRODUTIVIDADE.

Considerando essas questões, o professor precisa desenvolver competências que permitam a personalização do processo de aprendizagem (antes um professor para muitos alunos, agora um professor para um aluno), a participação efetiva (construindo espaços de interação com alunos, entre alunos e entre professores) e a melhoria dos resultados (em termos quantitativos e qualitativos).

Se pensarmos a partir dessas dimensões, o papel do professor se amplia ainda mais, e sua atividade pode ser compreendida como uma ATIVIDADE PROJETUAL: precisamos desenvolver um projeto (aula), que permita a participação, que se adapte a cada um dos alunos que temos em aula e, assim, gere os resultados esperados em termos de aprendizagem.

Essa compreensão reforça a ideia descrita em *Um olhar sobre a experiência da sala de aula na perspectiva do design estratégico* (Borba; Alves; Damin; Wolffenbuttel, 2016), propondo que a principal mudança para os professores é a compreensão de que SOMOS TODOS PROJETISTAS. A partir disso, e considerando a necessidade de uma nova pedagogia para o século XXI, quais as competências que os professores precisam desenvolver?

O National Institute of Education de Singapura apresentou um estudo denominado *A teacher education model for the 21st century* (2009) que buscou identificar as competências dos professores para o desenvolvimento das competências dos alunos. Esse estudo destaca, entre outros pontos, a necessidade de ampliação da conexão entre teoria e prática e apresenta três dimensões de análise dos professores, que se desdobram em:

PRÁTICA PROFISSIONAL:

aqui se destaca o *conhecimento* do professor (conhecimento do assunto, reflexão, análise, criatividade) e o desenvolvimento dos alunos.

 LIDERANÇA E GESTÃO:

nesta dimensão destacam-se competências relacionadas à compreensão do ambiente e ao desenvolvimento das pessoas e *competências* relacionadas ao trabalho com colegas e com alunos.

 EFICÁCIA PESSOAL:

esta dimensão destaca a necessidade de autoconhecimento e de conhecimento dos alunos e colegas. Reforça a importância do *respeito* e da *adaptabilidade*.

Outro país que merece destaque na análise das competências dos professores é a **FINLÂNDIA**. **PASI SAHLBERG** descreve em seu livro *Finnish lessons* a importância da profissão professor em seu país. Segundo ele, 1 em cada 10 candidatos às vagas de professor é aprovado. **A PROFISSÃO É UMA DAS MAIS ADMIRADAS.**

Entre as competências dos professores, cabe destacar um BALANÇO entre TEORIA e PRÁTICA e uma compreensão profunda da educação a partir de diferentes perspectivas – psicologia, sociologia, currículo, entre outras. Pasi Sahlberg ainda destaca competências relacionadas a liderança e trabalho em equipe e uma competência de pesquisa aprofundada – a formação dos professores preconiza essa competência, o que facilita o processo de adaptação e de reflexão desses profissionais (Sahlberg, 2014).

CYNTHIA SCOTT, no artigo *The futures of learning* (2015), identifica elementos centrais para a construção de uma educação com qualidade para o século XXI. Esses elementos estão conectados com as escolas, os professores e os currículos. Entretanto, cabe destacar alguns deles que podem ser desdobrados em competências dos professores dentro e fora da sala de aula:

A partir desses estudos, buscamos identificar competências que permitam ao professor o repensar de seu papel na sala de aula e a construção de um espaço relevante, de conexão e cocriação.

A seguir, apresentamos essa proposta.

SABER PROJETAR

Toda aula deve ser pensada, planejada, projetada. Como professores, desenvolvemos diferentes competências para isso e geralmente focamos em um planejamento mais convencional, vinculado às demandas específicas da atividade e às demandas curriculares e burocráticas da instituição na qual exercemos a função de professor.

Embora tenhamos essa capacidade de planejamento bastante apurada, a ponto de podermos pensar o que vai acontecer no terceiro encontro de determinada disciplina, nossa ação como professor envolve algo que vai além da capacidade de planejamento: a capacidade de adaptação e de projetação.

Todo projeto é concebido considerando-se diferentes restrições, como qualidade, tempo e custo. Esses indicadores geralmente estão descritos em processos formais de planejamento e permitem aos gestores o acompanhamento dos projetos. Embora o planejamento seja importante, pensar em projetos considerando que eles vão ser realizados conforme o planejado é uma falácia. Autores como Goldratt (1996) descrevem diferentes efeitos presentes na maioria dos projetos, muitos deles relacionados a um ponto-chave: o fator humano. Projetos que envolvem pessoas ampliam sua complexidade e são mais difíceis de ser planejados.

Se extrapolarmos esse olhar para a sala de aula, a complexidade aumenta ainda mais. Nesse espaço, estamos projetando algo que vai ser desenvolvido individualmente, em cada aluno e nas relações que construímos entre os alunos e entre alunos e professores. Na prática, planejamos um projeto que se desdobra, no mínimo, em um número de projetos equivalente ao número de alunos: a variável-chave aqui são as pessoas – nesse caso, alunos que carregam uma história, diferentes formas de pensar e aprender, e que compartilham um espaço único no qual interagem entre si e com diferentes professores.

A partir dessa compreensão, poderíamos pensar que o planejamento desse projeto é desnecessário, mas essa complexidade aumenta significativamente a importância de pensarmos projetualmente.

Pensar o projeto de aula envolve ir além dos indicadores clássicos de projeto e entender que cada um de nossos alunos tem capacidades distintas, histórias de vida diferentes, as quais devem ser consideradas em nosso planejamento.

Projetar um prédio que não existe envolve habilidades importantes, mas circunscritas à compreensão técnica desse empreendimento. Projetar uma aula que não existe, mas é construída na interação com alunos que têm uma história, é bastante diferente. Além disso, cada novo encontro com os alunos envolve diferentes formas de articulação e interação em rede, entre eles. As conexões propostas e as interações realizadas definem o resultado que vamos obter.

Nesse contexto, a competência projetual que estamos propondo envolve compreender as variáveis, compreender as pessoas e desenvolver propostas. Essas propostas devem ser construídas com os alunos e desenvolvidas ao longo do tempo, tendo como resultado maior um processo de aprendizagem rico e com sentido para cada um dos alunos.

Saber projetar significa saber usar as diferentes ferramentas propostas pelo *design* para criar um ambiente de sala de aula em que a construção coletiva aconteça e, a cada encontro, novas propostas possam ser pensadas e executadas. Nessa perspectiva, projetar é um processo contínuo de elaboração de propostas, *feedback* e adaptação. Cada aluno é um aluno, cada turma é uma turma, e as relações que estabelecemos em cada momento são únicas. Assim, o discernimento do professor é ainda mais relevante, para que possa realizar propostas coerentes e construir um processo de aprendizagem com significado.

SABER CONECTAR

Os espaços de aprendizagem nos dias de hoje não estão limitados a nossa ação na sala de aula tradicional. A sala de aula expandida envolve o espaço físico, o espaço virtual e a interação. Diferentemente do modelo anterior à década de 1990, quando não tínhamos tecnologias habilitadoras para proporcionar a conexão entre as pessoas, atualmente os professores precisam desenvolver competências para facilitar o processo de conexão entre alunos. Esse processo envolve tecnologia, mas não se limita a ela.

Nos dias atuais, diferentes formas de conexão acontecem em nossa sala de aula, mediadas ou não pela tecnologia. Cabe aqui destacar:

 CONEXÃO PRESENCIAL ENTRE PROFESSORES E ALUNOS: seja no processo de exposição e em trabalhos em grupo, seja nas histórias que os alunos trazem para a aula e nas dúvidas que são debatidas.

 CONEXÃO PRESENCIAL ENTRE ALUNOS: especialmente nas diferentes formas de trabalho em grupo, por meio das quais os alunos podem estabelecer novas relações e compreensões distintas sobre o tema.

 CONEXÃO VIRTUAL ENTRE PROFESSORES E ALUNOS: existem diferentes formas de conexão virtual que facilitam os processos de aprendizagem. *Chats*, fóruns virtuais e reuniões virtuais permitem ao aluno uma forma distinta de relação com o professor, muitas vezes construindo um canal inexistente em aula e permitindo o contato um a um. Para alunos que muitas vezes têm dificuldade em expor suas dúvidas ou ideias em aula, a conexão virtual pode ajudar no desenvolvimento de vínculo e engajamento, facilitando o processo de conexão presencial.

 CONEXÃO VIRTUAL ENTRE ALUNOS: a construção de conexão virtual entre alunos permite trocas importantes entre eles e se amplia para espaços menos formais. Trocar respostas e dúvidas nas redes específicas, gravar áudios com explicações, compartilhar fotografias de materiais específicos, entre tantas outras formas, permite um engajamento diferente e o surgimento de um senso coletivo. Evidentemente, cabe ao professor compreender esses processos para que sejam utilizados da melhor forma pelos alunos, de modo a gerar resultados positivos para a disciplina. Essa competência do professor impacta diretamente em competências que os alunos precisam desenvolver para atuar em seus ambientes de trabalho e no ambiente social, como habilidade comunicacional e de cooperação.

RESPEITAR AS DIFERENÇAS >> PERSONALIZAR

 A partir da compreensão de que a sala de aula é um espaço diverso, com pessoas diferentes, com interesses distintos e necessidade de uma formação personalizada, o professor precisa desenvolver um contínuo respeito pelas diferenças, bem como processos que permitam a personalização.

Se no passado compreendíamos de maneira equivocada que os grupos em aula eram homogêneos – e precisávamos trabalhar para colocar todos os alunos "na mesma página" –, hoje em dia entendemos que cada aluno tem características únicas e que diversidade é palavra-chave nas diferentes salas de aula. Dessa forma, compreender as diferenças culturais e as diferenças sociais e pessoais é fundamental para que o professor possa adaptar sua ação aos diferentes espaços em que atua. A riqueza da sala de aula está na diferença. Se utilizarmos ferramentas e métodos que busquem uma formação que coloque todos os alunos no mesmo lugar, estaremos padronizando o que não pode e não deve ser padronizado: cada aluno precisa ser respeitado em sua individualidade.

PROMOVER ENGAJAMENTO, CONTAR HISTÓRIA

Um dos grandes desafios para os professores atualmente é a promoção do aprendizado significativo. Esse processo envolve uma forte conexão entre alunos e professores, que se constrói a partir do engajamento. Como engajar os alunos? Essa é a principal pergunta que devemos fazer à medida que definimos nosso planejamento e nossas atividades em sala de aula. Se usarmos uma abordagem que gere engajamento, o processo de aprendizagem será facilitado. Os recursos tecnológicos podem apoiar esse processo, como, por exemplo, quando solicitamos aos alunos que busquem determinada informação em seus celulares ou computadores para apoiar a aula. Entretanto, espaços físicos sem tecnologia também podem produzir esse tipo de conexão. O uso de paredes riscáveis, por exemplo, e a organização de grupos são exemplos de conexão e desenvolvimento de engajamento. Contudo, independentemente do formato ou do meio de apoio, é preciso perceber que o processo de engajamento está relacionado à construção de interesse a partir dos alunos. Metodologias como o uso de projetos ou de problemas são formas de facilitar esse processo. Uma competência que impacta fortemente nesse processo é nossa capacidade de contar histórias. **QUANTO MAIS INTERESSE O ALUNO TIVER NO PROJETO, MAIOR A POSSIBILIDADE DE SE ENGAJAR.** Se permitirmos a ele a cocriação em aula, participando da definição de tópicos de interesse, seu engajamento facilitará o desenvolvimento de um processo efetivo de aprendizagem. Aprender e ensinar são termos inseparáveis, e um de seus elementos centrais é o engajamento coletivo de alunos e professores.

PROMOVER A INOVAÇÃO

Para transformar a educação, precisamos de novas formas de ensinar, de aprender, de interagir. Essas novas formas nascem de mudanças significativas, de inovações.

Inovação é um conceito amplamente disseminado e está relacionado à proposição

do novo, de uma ideia com impacto econômico e social. Esse processo pode gerar algo totalmente novo, disruptivo – o que denominamos de inovação radical –, ou algo melhor do que o que tínhamos até o momento – inovação incremental. Alguns autores do campo do *design* estratégico, como Verganti (2014), propõem outras classificações, definindo as inovações de maior valor como aquelas que envolvem uma mudança de significado.
Além disso, CABE REFORÇAR QUE O PROCESSO DE INOVAÇÃO ESTÁ DIRETAMENTE RELACIONADO À ACEITAÇÃO DO ERRO E DO RISCO.

Se pensarmos nos ambientes escolar e universitário, fica fácil percebermos que são os espaços para testar, errar, aprender. Se desenvolvermos em nossos alunos uma cultura de inovação, eles estarão mais propensos a compreender os riscos, aceitar o erro e compreender as diferentes situações-problema que devem surgir em seu dia a dia.

Como professores, devemos desenvolver competência para inovar dentro e fora da sala de aula. Precisamos aceitar que muitas vezes nosso planejamento vai falhar e que isso gera oportunidades de aprendizagem. Precisamos entender que em algumas ocasiões a melhor forma de planejar é abrir espaço na aula para a incerteza. Meu amigo e arquiteto Tuti Giorgi certa vez me disse que muitos arquitetos têm medo do espaço vazio, por isso preenchem todo o espaço interno de um ambiente. Como professores, muitas vezes planejamos cada minuto da aula, talvez por medo do tempo vazio, da pausa, do silêncio, da incerteza. Precisamos resgatar esse espaço e criar o novo a partir daí. AGENTES DE MUDANÇA, AGENTES DE INOVAÇÃO, ABREM ESPAÇO PARA A CONSTRUÇÃO COLETIVA.

Inovar é um ato coletivo e colaborativo. Precisamos aprender essa competência e desenvolvê-la em nossos alunos, para que, além dos muros da sala de aula, possamos transformar os espaços em que vivemos.

AUTOCONHECIMENTO

Conhecer a si mesmo é uma das premissas fundamentais para podermos aprender e nos desenvolver. Como professores, devemos continuamente nos questionar e buscar ampliar nossa consciência sobre nós mesmos.

Quando reconhecemos que não temos determinada competência, ou conhecimento, fica mais fácil buscar seu desenvolvimento. Isso é claro se pensarmos na necessidade de uso de tecnologia em sala de aula. O apoio dos pares, a compreensão a partir das práticas dos colegas e o desenvolvimento desse conhecimento se dão a partir de nosso reconhecimento de que existe aqui um *gap* de aprendizagem.

Para nos desenvolvermos, precisamos nos conhecer.

COMPETÊNCIAS

SABER PROJETAR

PROMOVER ENGAJAMENTO

SABER CONECTAR

PROMOVER A INOVAÇÃO

PERSONALIZAR

AUTOCONHECIMENTO

REFERÊNCIAS

BORBA, G.; ALVES, I.; DAMIN, C.; WOLFFENBUTTEL, A. *Um olhar sobre a experiência da sala de aula na perspectiva do design estratégico.* São Leopoldo: Unisinos, 2016. 116p.

FULLAN, M. G. Why teachers must become change agents. *The professional teacher,* v. 50, n. 6, p. 12-17, 1993. Disponível em: <http://www.ascd.org/publications/educational-leadership/mar93/vol50/num06/Why-Teachers-Must-Become-Change-Agents.aspx>. Acesso em: 28 maio 2018.

FULLAN, M. G; HARGREAVES, A. *What's worth fighting for in your school?* Working together for improvement. Andover: The Regional Laboratory for Educational Improvement, 1991.

GOLDRATT, E. M. *Critical chain:* a business novel. Abingdon: Routledge, 1996.

HARDEN, R.M.; CROSBY, J. AMEE guide nº 20: the good teacher is more than a lecturer - the twelve roles of the teacher. *Medical Teacher,* v. 22, n. 4, 2000 p. 334-347. Disponível em: <http://njms.rutgers.edu/education/office_education/community_preceptorship/documents/TheGoodTeacher.pdf>. Acesso em: 30 maio. 2018.

IDOETA, P. A. 4 coisas ainda desanimadoras da rotina do professor no Brasil - e 3 coisas que estão melhorando. *BBC News Brasil,* 2017. Disponível em: <https://www.bbc.com/portuguese/brasil-41520242>. Acesso em: 29 maio 2018.

MCLOUGHLIN, C.; LEE, M. J. W. Future learning landscapes: transforming pedagogy through social software. *Innovate:* journal of online education, v. 4, n. 5, 2008. Disponível em: <http://nsuworks.nova.edu/innovate/vol4/iss5/1>. Acesso em: 28 maio 2018.

NATIONAL INSTITUTE OF EDUCATION. A teacher education model for the 21st century: a report by the National Institute of Education, Singapore: National Institute of Education, 2009. Disponível em: <https://www.nie.edu.sg/docs/default-source/nie-files/te21_executive-summary_101109.pdf?sfvrsn=2>. Acesso em: 17 jun. 2018

OECD. *Education at a glance 2017:* OECD indicators. Paris: OECD, 2017. Disponível em: <http://download.inep.gov.br/acoes_internacionais/eag/documentos/2017/relatorio_education_at_a_glance_2017.pdf>. Acesso em: 28 maio de 2018

SAHLBERG, P. *Finnish lessons:* what can the world learn from educational change in Finland? 2. ed. New York: Teachers College Press, 2014.

SCOTT, C. L. The futures of learning 1: why must learning content and methods change in the 21st century? Paris: UNESCO Education Research and Foresight, 2015. Disponível em: <http://unesdoc.unesco.org/images/0023/002348/234807E.pdf>. Acesso em: 28 maio 2018.

THE NEW YORK TIMES. *Obama's second state of the union*. 2011. Disponível em: <https://www.nytimes.com/2011/01/26/us/politics/26obama-text.html>. Acesso em: 28 maio 2018.

TODOS PELA EDUCAÇÃO. Ensino Médio: o que querem os jovens? 2018. Disponível em: <http://www.todospelaeducacao.org.br/reportagens-tpe/41997/ensino-medio-o-que-querem-os-jovens/>. Acesso em: 28 maio 2018.

VERGANTI, R. *Design-driven innovation:* changing the rules of competition by radically innovating what things mean. Boston: Harvard Business, 2014.

LEITURA RECOMENDADA

BECKER, A. S. et al. *NMC Horizon Report*: 2017 Higher Education Edition. Austin: The New Media Consortium, 2017.

como alunos, queremos uma educação do nosso tempo

gustavo borba

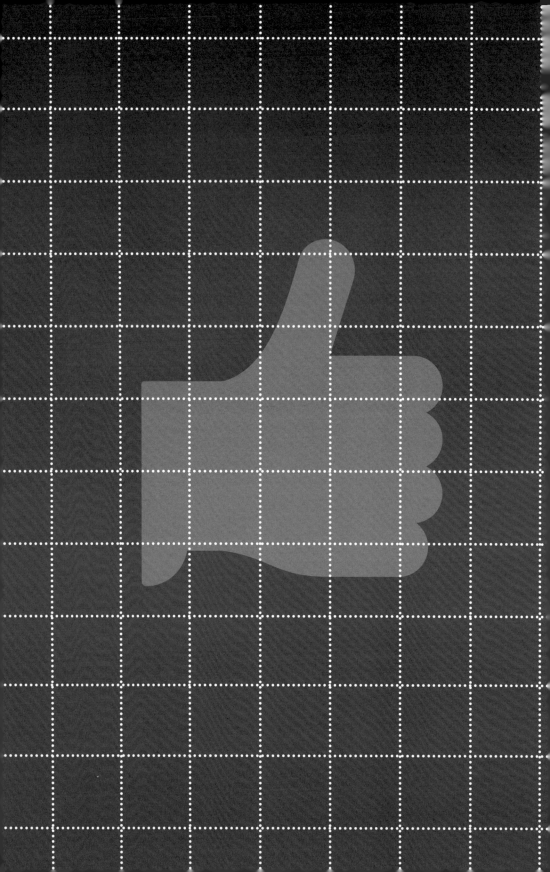

Nos últimos tempos, o debate sobre novas práticas em sala de aula e sobre o real impacto da formação universitária para os alunos tem-se intensificado. Entre os motivos para isso, merece destaque o fato de estarmos recebendo no ensino superior, pela primeira vez, os jovens da geração Z. Esses jovens são definidos como os verdadeiros nativos digitais, pois desde seu nascimento, a partir do final da década de 1990, já interagem com tecnologia. Entretanto, o impacto de sua chegada ao ensino superior vai muito além da necessidade de transformação digital da sala de aula e dos ambientes da universidade. A GERAÇÃO Z tem características bastante distintas das gerações anteriores e que impactam diretamente nos processos de aprendizagem e construção do conhecimento.

Em julho de 2017, a revista *Forbes* publicou uma matéria tendo como base o relatório desenvolvido pelo Barnes and Noble College (c2018), no qual identifica características marcantes dessa geração. O relatório foi desenvolvido tendo como base 1.300 alunos pesquisados no ensino médio norte-americano, em 49 Estados, com idades entre 13 e 18 anos. Entre os resultados, destacam-se aqueles relacionados com a percepção sobre O APRENDIZADO E AS FORMAS DE ESTUDO QUE FACILITAM ESSE PROCESSO. Quando questionados sobre como preferem estudar, 80% disseram que a melhor forma de estudo é coletiva, COM AMIGOS. Os alunos reforçaram que estudar junto torna o aprendizado mais divertido (67%) e que gostam de trocar ideias com amigos (60%) e AJUDAR OS COLEGAS NO PROCESSO de aprendizagem (52%). Percebe-se que a colaboração e a aprendizagem aluno-aluno são elementos com maior destaque. Para essa geração, a melhor forma de aprender é FAZENDO (51%), embora o processo de ESTUDO/LEITURA seja importante (38%). Entretanto, apenas 12% acreditam que aprendem OUVINDO AULAS TRADICIONAIS.

Em meados de 2017, o jornal britânico *The Guardian* introduziu uma questão similar à proposta na pesquisa descrita anteriormente, motivada pelo fato de que esses jovens estão entrando nas universidades: "as universidades estão prontas?". Nessa matéria, os professores Claire Povah e Simon Vaukins, da Lancaster University, descrevem estratégias utilizadas para gerar engajamento por meio da tecnologia e da compreensão de que a construção de um PROCESSO DE INOVAÇÃO EM SALA DE AULA, QUANDO TRABALHAMOS COM ESSA NOVA GERAÇÃO, PRESSUPÕE A NECESSIDADE DE COCRIARMOS: precisamos colaborar e democratizar o processo de projeto de aula, prática que desafia NOSSOS PRECONCEITOS TRADICIONAIS NA MEDIDA EM QUE EXIGE QUE TRABALHEMOS COM OS ALUNOS (Povah; Vaukins, 2017).

Na realidade, o que podemos perceber é que os alunos precisam de um momento de reflexão, que pode ser oportunizado a partir da exposição do professor; entretanto, o aprendizado significativo está relacionado ao desdobramento, à atividade prática ou ao uso de metodologias ativas[1] para a conexão com os alunos. Dessa forma, uma aula tradicional pode se transformar em uma experiência mais rica de aprendizagem.

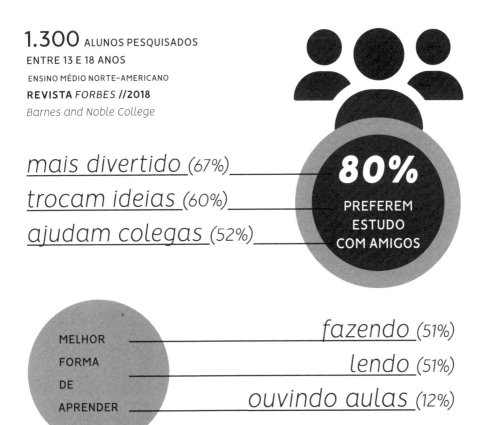

Em 2017, o Grattan Institute (Goss; Sonnemann, 2017) desenvolveu uma pesquisa em escolas australianas para compreender o impacto do engajamento nos processos de aprendizagem. O estudo demonstrou que o ambiente da sala de aula afeta diretamente o processo de aprendizagem e a relação entre alunos e professores. Além disso, a pesquisa explorou a importância do comportamento dos professores e de sua ação para a construção de aprendizagem, especialmente para os jovens que não têm o suporte adequado em suas casas. Entre as melhores práticas citadas, está o processo de ensino adaptativo (*adaptive teaching*), que busca promover uma melhor conexão entre professores e alunos no processo de aprendizagem, a partir do engajamento. A proposta foi desenvolvida por Epstein e colaboradores (2008).

Cabe ainda citar um dos principais textos sobre o tema, o livro *Generation Z goes to college*, de SEEMILLER e GRACE (2016), que apresenta como essa geração se reconhece. Algumas das características descritas pelas autoras incluem:

\# LEALDADE AOS AMIGOS

\# COMPAIXÃO: um dos elementos que impacta na compaixão é o acesso à informação, que permite que esses indivíduos vejam o efeito de diferentes experiências no mundo real

\# SENSO CRÍTICO-REFLEXIVO E GENEROSIDADE: esses indivíduos se percebem como pessoas que pensam e que se preocupam com o próximo

\# MENTE ABERTA: são mais tolerantes e abertos à diversidade

\# RESPONSABILIDADE

\# DETERMINAÇÃO

Por fim, características como PREOCUPAÇÃO COM PROBLEMAS GLOBAIS, TOLERÂNCIA, preocupação com os HÁBITOS ALIMENTARES e PROPÓSITO EM TUDO O QUE FAZEM são elementos de destaque no perfil desses alunos.

Essas pesquisas reforçam que os alunos continuam percebendo a importância dos professores e da interação para o processo de aprendizagem. No entanto, precisamos criar novas formas de relacionamento, utilizando jogos, metodologias ativas, invertendo a sala de aula e assumindo que a interação promove a construção do conhecimento com e a partir dos alunos.

Em 2017, a pesquisa Repensar o Ensino Médio ouviu 1.551 adolescentes brasileiros, entre 15 e 19 anos, a fim de compreender o que eles esperam das escolas.

Dado o contexto de nosso país, atributos como segurança estavam no topo da lista, com mais de 85% de citações. Entretanto, quando questionados sobre COMO DEVERIA SER A AULA, os jovens apontam que TECNOLOGIA, VISITAS CULTURAIS e PROJETOS PARA ALÉM DA DISCIPLINA ESPECÍFICA são FUNDAMENTAIS PARA SEU APRENDIZADO. Sobre o professor ideal, os alunos reforçam a importância da PAIXÃO PELA PROFISSÃO (80,9%) e a NECESSIDADE DE NÃO DESISTIR DOS ALUNOS (79,5%) (Todos pela Educação, 2017).

Outro projeto muito relevante foi desenvolvido pela Rede Conhecimento Social em parceria com a porvir.org (Porvir, 2016). Trata-se de uma pesquisa realizada a partir da adesão das escolas e dos jovens, que respondiam a questões diversas sobre seu perfil, seus interesses e o que seria uma escola dos sonhos. Em 2016, a pesquisa atingiu 131.719 jovens, 88% deles com menos de 17 anos.

Os jovens foram questionados sobre práticas existentes na escola que não podem faltar na sua "ESCOLA DOS SONHOS". Nesse item, percebe-se que eles consideram fundamental ir além dos muros do colégio (visitas, projetos sociais, etc.). Quarenta e seis por cento apontaram esse item como fundamental, mas apenas 1 em cada 4 jovens disse que tem acesso a tais atividades em sua escola. O item mais importante para a maioria dos jovens é a possibilidade de atividades "MÃO NA MASSA", que 52% consideram fundamentais. Apenas 37% responderam que ocorrem atividades desse tipo em suas escolas.

Com relação à sala de aula, a maioria acredita que SERIA MAIS FELIZ E APRENDERIA MAIS EM ESPAÇOS MAIS VARIADOS (*puffs*, almofadas, sofás) e usando ambientes internos e externos.

Em 2017, realizamos uma pesquisa para compreender como os estudantes interagiam em uma sala de aula reconhecida como inovadora, com poucas barreiras para a aprendizagem: cadeiras com rodinhas, tecnologia avançada e paredes riscáveis eram algumas das características desse espaço. Buscávamos saber se o fato de a sala de aula ser um espaço inovador facilitava ou não o aprendizado. Foram pesquisados 1.100 alunos, a maioria ingressante no ensino superior (primeiro e segundo anos). A pesquisa apontou para a compreensão de que a sala de aula potencializa a interação entre professor e alunos e entre os alunos, mas essa relação se dá a partir do momento em que alunos e professores compreendem seu papel nesse espaço.

ESPAÇOS QUE PERMITEM TROCA E MAIOR CONEXÃO ENTRE AS PESSOAS GERAM MAIOR ENGAJAMENTO.

Ao considerar esse cenário, a primeira reflexão que precisamos fazer é como os professores percebem esses alunos. Se perguntarmos abertamente para adultos de qualquer faixa etária o que pensam da geração que está chegando às universidades, as respostas não devem variar muito além de: sempre conectados, desatentos, falta de foco, entre outras características, em sua maior parte depreciativas.

A realidade é que vivemos no dia a dia de nossa atividade como professores um conflito entre gerações muito diferentes. Se usarmos a mesma lente de sempre, só podemos concluir que alguém que faz várias coisas ao mesmo tempo não tem foco, que alguém que está na internet não está prestando atenção na aula. Essas percepções estão conectadas a modelos mentais datados e fora da realidade que vivemos no século XXI.

Como professores, é necessário entender que nunca tivemos uma geração com tantas possibilidades de construção diferentes, de inovação e de engajamento.

> *Imaginem o que pode ser feito por uma geração que tem acesso total à informação, que se preocupa com o próximo, que aceita a diferença, que aprende mais quando ajuda, que quer fazer, e não receber pronto.*

Imagino que todos os professores que leem o parágrafo anterior pensam: "esses são os alunos que queremos". E, de fato: **"ESSES SÃO OS ALUNOS QUE TEMOS"**.

O grande problema é que não conseguimos despertar nesses estudantes o engajamento necessário para a transformação individual e coletiva que podemos desencadear por meio da educação. Precisamos abandonar nossos modelos e entender que ou nos adaptamos, ou destruímos o futuro de uma geração. E o nosso.

DO PONTO DE VISTA DA SALA DE AULA, PRECISAMOS MUDAR A FORMA COMO ATUAMOS, CONSIDERANDO QUE:

**DESAFIAR É O CAMINHO:** os alunos da geração Z aprendem a partir de desafios. Quando recebem um problema ou são desafiados em alguma atividade, reagem buscando uma solução. Nosso papel é, a partir desses resultados, desenvolver com os alunos sua trajetória para a compreensão do que efetivamente aprenderam, em um ciclo que envolve o desafio, o *feedback* imediato e a comemoração do processo para avançar.

**ENGAJAR É PRECISO:** os bons professores aprendem constantemente com seus alunos. Se permitirmos a eles um espaço de fala, um espaço de construção coletiva, um espaço que reforce o "com o aluno", e não o "para o aluno", conseguiremos gerar engajamento e transformar a experiência em aula.

A geração Z é provavelmente, em nossa história, a geração mais engajada do ponto de vista social, mais preocupada em realizar todas as atividades – de trabalho ou lazer – com propósito e a mais interessada em construir seus caminhos de aprendizagem como protagonista.

Se ignorarmos essas características, vamos replicar modelos mecânicos que já não funcionavam no século XX e são inviáveis no século XXI. O único resultado possível se não mudarmos é nos tornarmos irrelevantes como professores.

Precisamos colaborar, cocriar, aprender, ouvir, projetar coletivamente. Se avançarmos nessa direção, estaremos mais próximos do engajamento em sala de aula, da transformação do potencial dessa geração em dinâmica social e da transformação de nosso país.

QUE ALUNOS PRECISAMOS AJUDAR A FORMAR?
QUAIS SÃO AS COMPETÊNCIAS PARA O SÉCULO XXI?

SCOTT (2015) desenvolveu um estudo em que mapeou as COMPETÊNCIAS E AS HABILIDADES NECESSÁRIAS PARA ATUAÇÃO NO SÉCULO XXI. Esse trabalho de revisão teórica analisou uma série de estudos (McLoughlin; Lee, 2008; Dede, 2010; Salas Pilco, 2013; Delors et al., 1996; Wagner, 2010; entre outros), além de projetos internacionais, como o The Assessment and Teaching of 21st Century e a Asia-Pacific Economic Cooperation (APEC). As competências identificadas foram organizadas a partir dos quatro pilares da aprendizagem (Unesco, 2017) propostos no relatório Delors (aprender a saber, aprender a fazer, aprender a ser e aprender a viver com o outro) e envolvem:

- PENSAMENTO CRÍTICO
- RESOLUÇÃO DE PROBLEMAS
- COMUNICAÇÃO E COLABORAÇÃO
- CRIATIVIDADE E INOVAÇÃO
- COMPREENSÃO DE TECNOLOGIAS, MÍDIAS E INFORMAÇÃO
- COMPREENSÃO DE TECNOLOGIAS, COMUNICAÇÃO E INFORMAÇÃO
- HABILIDADES SOCIAIS E CROSS-CULTURAIS
- RESPONSABILIDADE PESSOAL, INICIATIVA
- HABILIDADES PARA CONSTRUÇÃO DO DISCERNIMENTO
- HABILIDADES METACOGNITIVAS
- PENSAMENTO EMPREENDEDOR
- APRENDER A APRENDER E APRENDIZAGEM PARA TODA A VIDA
- BUSCAR E VALORIZAR A DIVERSIDADE
- TRABALHO EM EQUIPE E INTERCONECTIVIDADE
- CIDADANIA CÍVICA E DIGITAL
- COMPETÊNCIA GLOBAL
- COMPETÊNCIA INTERCULTURAL

Outro estudo que busca consolidar a discussão teórica sobre as competências para o século XXI é o Towards Defining 21st Century Competencies for Ontario (2016), desenvolvido em 2014. Nesse trabalho, os autores procuraram MAPEAR ESTUDOS CANADENSES e INTERNACIONAIS sobre as COMPETÊNCIAS DO SÉCULO XXI. Foram mapeados 18 ESTUDOS CANADENSES (de 2010 a 2014) e 7 ESTUDOS DE OUTROS PAÍSES (entre 2008 e 2014). A partir da análise desses estudos, os autores identificaram 30 competências, com diferentes frequências. A seguir, ordenamos as competências que estavam presentes em pelo menos 12 estudos (48% de frequência), em ordem crescente de citação:

\# ADAPTABILIDADE E FLEXIBILIDADE (12)

\# CIDADANIA CÍVICA E SENSO DE COMUNIDADE (12)

\# AUTOCONSCIÊNCIA (14)

\# VISÃO GLOBAL (15)

\# RESOLUÇÃO DE PROBLEMAS (18)

\# FLUÊNCIA TECNOLÓGICA E DIGITAL (19)

\# CRIATIVIDADE E INOVAÇÃO (20)

\# TRABALHO EM EQUIPE E COLABORAÇÃO (21)

\# COMUNICAÇÃO (23)

\# PENSAMENTO CRÍTICO (25)

A partir dessas propostas, e considerando o cenário brasileiro, identifica-mos **12 COMPETÊNCIAS IMPORTANTES PARA A FORMAÇÃO NO SÉCULO XXI** com foco na atuação nos contextos social e profissional. Essas competências estão relacionadas às profissões, mas vão além das áreas de conhecimento, sendo definidas como competências transversais.

 # 1 **RESPONSABILIDADE SOCIOAMBIENTAL:** a competência socioambiental pressupõe o desenvolvimento em cada um de nós da compreensão de temas relevantes à sociedade e ao ambiente, que impactem em nossa ação como indivíduos que vivem em comunidade e têm responsabilidade sobre o meio. Essa competência é transversal e está relacionada a nossa ação e produção intelectual. Nos diferentes projetos, atividades e ações, devemos considerar a perspectiva humanística e nossa responsabilidade "para e com" o outro, bem como em relação ao meio ambiente.

 # 2 **CULTURA ÉTICO-ESTÉTICA:** a formação cultural foi historicamente percebida como relevante para um determinado tipo de profissão, especialmente relacionada com o ambiente humano e artístico. Entretanto, o repertório cultural e a compreensão dos contextos distintos e da questão ético-estética é elemento central para que possamos conviver e nos desenvolver no século XXI. As tradicionais barreiras entre criatividade e método, entre humanidade e tecnologia, desaparecem à medida que vivemos em um ambiente fluido e conectado. Compreender culturalmente esse novo paradigma é fundamental.

3 SENSO CRÍTICO-REFLEXIVO E RESOLUÇÃO DE PROBLEMAS: independentemente da profissão ou área de formação, precisamos desenvolver uma competência que nos permita identificar problemas, discernir sobre as possibilidades e realizar propostas de soluções ou mesmo proposição e análise de cenários. Essa competência está intimamente ligada à capacidade crítica e reflexiva e aos fenômenos socioculturais com os quais nos deparamos em nosso dia a dia.

4 PENSAMENTO COMPUTACIONAL: no século XXI, estamos identificando novos idiomas nos quais devemos ser proficientes. Entre eles, cabe destacar a necessidade de compreensão dos algoritmos complexos e de modelagem computacional. Essa competência está relacionada ao entendimento de diferentes formas de programação (na qualidade de linguagem), mas também à capacidade de tomada de decisão, raciocínio e operação a partir das tecnologias existentes.

5 ATITUDE EMPREENDEDORA E INTERDISCIPLINAR: historicamente, o ato de empreender esteve associado à criação de novos negócios, de empresas com ou sem fins lucrativos. Entretanto, esse conceito é mais abrangente e está relacionado a nossa capacidade de pensar o novo, valorizando as pessoas e o meio ambiente, atuando com protagonismo e estabelecendo dinâmica e possibilidades para os indivíduos e comunidades. Um dos desafios principais é o desenvolvimento da atitude empreendedora em ambientes interdisciplinares e transversais. Empreender passa por um processo de compreensão da visão dos outros e do impacto de nossas ações.

 # 6 COMUNICAÇÃO: as diferentes formas de mídia e de linguagem evoluíram muito ao longo do tempo. Dessa forma, precisamos nos adaptar e desenvolver competências que permitam a compreensão e o diálogo em diferentes contextos e com diferentes linguagens. Os profissionais do século XXI precisam compreender com quem estão se comunicando e, dessa forma, se adaptar, por meio de diferentes formas de comunicação com linguagens visuais, audiovisuais, corporais, verbais ou não verbais.

 # 7 PENSAMENTO PROJETUAL E INVENTIVO, CRIATIVIDADE E INOVAÇÃO: pensar projetualmente permite a construção de valor real por meio da inovação. O pensamento projetual pressupõe uma visão sistêmica e transdisciplinar, considerando a criatividade, os cenários e os contextos sociais de uso.

 # 8 INTERAÇÃO E COLABORAÇÃO: desenvolver competências de colaboração e interação em um ambiente dominado pela tecnologia é ainda mais relevante. Os processos inovativos dependem de cooperação, e o modelo clássico do inventor inovador, que tem uma ideia brilhante e desenvolve uma solução, há muito tempo já foi superado. Dessa forma, compreendemos o processo de inovação como um processo interacional e colaborativo. Na qualidade de indivíduos, precisamos aprender a interagir e a cooperar, ouvindo o outro, construindo a partir de sua perspectiva e desenvolvendo sentido a partir das conexões e relações propostas em rede, em grupo.

#9 `LIDERANÇA:` o protagonismo na busca por soluções é fundamental nas diferentes áreas de conhecimento. Liderar pressupõe compreender, colaborar, atuar de forma pró-ativa e buscar um consenso coletivo.

#10 `AUTONOMIA E AUTOGESTÃO DO CONHECIMENTO:` para aprender, precisamos nos conhecer. Da mesma forma, precisamos desenvolver autonomia para buscar o novo, refletir, produzir conhecimento e interagir. A competência de autonomia e autogestão do conhecimento pressupõe a compreensão e o desenvolvimento de um processo de apropriação, conexão e produção de conhecimento. Esse processo permite a identificação de lacunas existentes em nossa compreensão e o discernimento com relação à obsolescência do que sabemos.

#11 `HABILIDADES SOCIAIS E CROSS-CULTURAIS:` uma das grandes mudanças proporcionadas pela tecnologia foi a possibilidade de conexão entre diferentes culturas, rompendo barreiras geográficas. Dessa forma, saber se relacionar com o outro, considerando os aspectos culturais que impactam em sua forma de agir, é fundamental.

#12 `FLUÊNCIA TECNOLÓGICA E DIGITAL:` sabemos que os jovens de hoje nascem imersos em um ambiente de alta tecnologia. Entretanto, a fluência tecnológica e digital está relacionada ao fato de termos, além do acesso, a compreensão e o discernimento com relação às melhores formas de uso dessa tecnologia.

A formação por competências é um pressuposto da educação no século XXI, e precisamos identificar, considerando nosso contexto, as competências horizontais e verticais para a melhor formação dos alunos. As 12 competências descritas neste capítulo são uma proposta preliminar, que deve ser adaptada e revisada dependendo do contexto em que estamos inseridos. Questões como adaptabilidade, flexibilidade e valorização da diversidade fazem parte do desenvolvimento de um cidadão com visão global e devem ser consideradas de maneira independente ou a partir das categorias propostas anteriormente. #

NOTA

1 A ideia de aprendizagem ativa (*active learning*) está relacionada à proposta de engajamento efetivo dos alunos no processo de aprendizagem, por meio de diferentes metodologias que quebram a lógica tradicional de passividade dos alunos.

REFERÊNCIAS

BARNES; NOBLE COLLEGE. *Getting to know GEN Z*: exploring middle and high schoolers' expectations for higher education. c2018. Disponível em: <https://next.bncollege.com/wp-content/uploads/2015/10/Gen-Z-Research-Report-Final.pdf>. Acesso em: 17 set. 2018.

DEDE, C. Comparing frameworks for 21st century skills. In: BELLANCA, J.; BRANDT, R. (Eds). *21st century skills*. Bloomington: Solution Tree, 2010. p. 51-76.

DELORS, J. et al. *Learning:* the treasure within – report to UNESCO of the International Commission on Education for the Twenty-First Century. Paris: UNESCO, 1996. Disponível em: <http://unesdoc.unesco.org/images/0010/001095/109590eo.pdf>. Acesso em: 17 set. 2018.

EPSTEIN, M. et al. *Reducing behavior problems in the elementary school classroom:* a practice guide. Washington: National Center for Education Evaluation and Regional Assistance, Institute of Education Sciences, 2008. Disponível em: <http://ies.ed.gov/ncee/wwc/publications/practiceguides>. Acesso em: 17 set. 2018.

GOSS, P.; SONNEMANN, J. Engaging students: creating classrooms that improve learning. *Grattan Institute.* 2017. Disponível em: <https://grattan.edu.au/wp-content/uploads/2017/02/Engaging-students-creating-classrooms-that-improve-learning.pdf>. Acesso em: 17 set. 2018.

MCLOUGHLIN, C.; LEE, M. J. W. The three p's of pedagogy for the networked society: personalization, participation, and productivity. *International Journal of Teaching and Learning in Higher Education,* v. 20, n. 1, p. 10-27, 2008. Disponível em: <http://files.eric. ed.gov/fulltext/EJ895221.pdf>. Acesso em: 17 set. 2018.

ONTARIO. *21st century competencies*: foundation document for discussion. Toronto: Ministry of Education, 2016. Disponível em: <http://www.edugains.ca/resources21CL/About21stCentury/21CL_21stCenturyCompetencies.pdf>.

PORVIR. Nossa Escola em (RE) Construção. 2016. Disponível em: <http://s3.amazonaws.com/porvir/wp-content/uploads/2016/10/06150937/RelatorioCompleto_NossaEscolaEmReConstrucao_Final.pdf>. Acesso em: 17 set. 2018.

POVAH, C.; VAUKINS, S. Generation Z is starting university – but is higher education ready? *The Guardian,*

2017. Disponível em: <https://www.theguardian.com/higher-education-network/2017/jul/10/generation-z-starting-university-higher-education-ready>. Acesso em: 17 set. 2018.

SALAS-PILCO, S. Z. Evolution of the framework for 21st century competencies. *Knowledge Management & E-Learning: An International Journal*, v. 5, n. 1, p. 10-24, 2013.

SCOTT, C. L. *The futures of learning 2:* what kind of learning for the 21st century? Paris: UNESCO Education Research and Foresight, 2015. (ERF working papers series, 14). Disponível em: <http://unesdoc.unesco.org/images/0024/002429/242996E.pdf>. Acesso em: 17 set. 2018.

SEEMILER, C.; GRACE, M. *Generation Z goes to college.* New York: Jossey-Bass, 2016. 320 p.

TODOS PELA EDUCAÇÃO. *Ensino médio:* o que querem os jovens? 2017. Disponível em: <https://www.todospelaeducacao.org.br//arquivos/biblioteca/relatorio_pesquisa_juventude.pdf>. Acesso em: 17 set. 2018.

UNESCO. *The four pillars of learning.* c2017. Disponível em: <http://www.unesco.org/new/en/education/networks/global-networks/aspnet/about-us/strategy/the-four-pillars-of-learning/>. Acesso em: 17 set. 2018.

WAGNER, T. *The global achievement gap.* New York: Basic Books, 2010.

LEITURAS RECOMENDADAS

ANANIADOU, K.; CLARO, M. 21st century skills and competencies for new millennium learners in OECD countries. Paris: OECD Publishing, 2009. (OECD Educational Working Papers, 41). Disponível em: <https://www.oecd-ilibrary.org/education/21st-century-skills-and-competences-for-new-millennium-learners-in-oecd-countries_218525261154>. Acesso em: 17 set. 2018.

KELLY, K. 12 inevitable tech forces that will shape our future. *Youtube.* 2016. Disponível em: <https://www.youtube.com/watch?v=pZwq8eMdYrY>. Acesso em: 17 set. 2018.

KOZINSKY, S. How generation z is shaping the change in education. *Forbes,* 2017. Disponível em: <https://www.forbes.com/sites/sievakozinsky/2017/07/24/how-generation-z-is-shaping-the-change-in-education/#156aeccf6520>. Acesso em: 17 set. 2018.

>>5#

a escola
do futuro

marcos piangers

 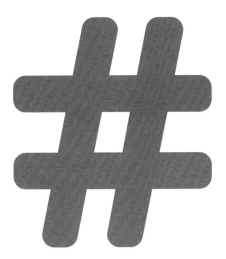

Era uma segunda-feira comum quando a edição do dia 19 de abril de 1965 da revista *Eletronics* chegou às bancas. Ninguém imaginava que aquela edição entraria para a história. A revista, fundada em 1930, não tinha grande audiência e, durante toda sua história, teve tiragens erráticas, às vezes bimensais e às vezes semanais, com reportagens sobre a indústria do rádio, equipamentos eletrônicos e artigos de pessoas influentes no meio. Para se ter ideia de quão técnica era a revista, essa edição comemorativa de 35 anos trazia na capa chamadas para matérias sobre luzes de cátodo frio e dosímetros, que são medidores de radiação. Quarenta anos depois, uma edição original desse número da revista valeria 10 mil dólares.

O que a tornou célebre foi um artigo escrito por um químico chamado GORDON MOORE, intitulado "Cramming more components onto integrated circuits". No texto, Moore observou que O NÚMERO DE COMPONENTES DE UM CIRCUITO INTEGRADO EM UM *CHIP* DE COMPUTADOR DOBRAVA A CADA ANO E MEIO E PREVIU QUE A TENDÊNCIA PROSSEGUIRIA POR, NO MÍNIMO, 10 ANOS. Essa regra passou a ser conhecida como Lei de Moore. Em 1968, Gordon fundou a fábrica de *chips* Intel e, em 2005, ofereceu 10 mil dólares por um exemplar original da revista que trouxe seu artigo. Um engenheiro inglês ganhou o prêmio. Ele guardou a coleção completa da *Eletronics* por mais de 40 anos, apesar dos pedidos constantes de sua esposa para que jogasse tudo fora.

A LEI DE MOORE tornou FÁCIL PREVER A CAPACIDADE QUE UM PROCESSADOR TERÁ DAQUI A 10 OU 20 ANOS.

Como o poder de um **CHIP** dobra a cada 18 meses, podemos prever que um computador chegará perto da capacidade de um cérebro humano por volta de **2029**.

Essa é uma previsão real, feita pelo futurista RAY KURZWEIL, no livro *The age of intelligent machines*, de 1990. Ele também previu, com sucesso, a queda da União Soviética, a vitória de um campeonato mundial de xadrez por um computador e o surgimento da rede mundial de computadores. Kurzweil É UM DOS FUTURISTAS MAIS RESPEITADOS DO MUNDO e, em 1998, publicou outro livro, *The age of spiritual machines*, no qual fez mais previsões com acertos impressionantes.

Segundo ele, por volta de **2045**, SEREMOS CAPAZES DE PLUGAR NOSSOS CÉREBROS EM MÁQUINAS INTELIGENTES, MULTIPLICANDO A INTELIGÊNCIA HUMANA EM BILHÕES DE VEZES.

> *De que servirá um prédio com salas de aula e quadros negros em três décadas?*

Você pode argumentar que essa previsão parece saída de um livro de ficção científica ou de um filme como *Matrix*, mas a discussão sobre um híbrido entre cérebro humano e máquinas inteligentes é levada muito a sério nos meios acadêmico e tecnológico. O empreendedor visionário Elon Musk criou a empresa Neuralink[1] para estar à frente dessa tendência. A ideia é descobrir os **PONTOS DE CONTATO CEREBRAIS MAIS ACESSÍVEIS PARA UMA CONEXÃO COM UM PROCESSADOR DE COMPUTADOR**. Pesquisas com esse mesmo objetivo já existem há décadas, seja em hospitais que implantam dispositivos para controlar a doença de Parkinson e a depressão, seja em órgãos do exército que utilizam capacetes de estímulo transcraniano para melhorar o desempenho de soldados.

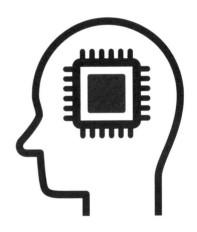

Em reportagem da revista *New Scientist*, uma repórter que experimentou um capacete tDCS (*transcranial direct current stimulation*) desenvolvido pela Agência de Pesquisas Avançadas da Defesa dos Estados Unidos (DARPA – Defense Advanced Research Projects Agency) relatou que conseguia não apenas acertar todos os alvos em um teste com um rifle M4 como dirigir melhor e prestar mais atenção naquilo que lia. O neurocientista **MICHAEL WEISEND**, do Wright State Research Institute, afirma que em **ALGUNS EXPERIMENTOS COM CAPACETES DE ESTÍMULO TRANSCRANIANO É POSSÍVEL DOBRAR O ÍNDICE DE APRENDIZADO**. Um repórter da rádio WNYC experimentou o capacete de Michael Weisend e rapidamente conseguiu realizar tarefas que antes não era capaz. "Eu me sinto incrivelmente acordado", disse o repórter após fazer os testes.

Perceba que as novidades tecnológicas tendem a nos assustar. Críticos diziam, na Inglaterra Vitoriana, que, se um dia trens andassem acima de determinada velocidade, o ar seria sugado para fora dos vagões e os passageiros morreriam. Outros afirmaram que o corpo das mulheres não es-

tava preparado para o estresse de um trem de alta velocidade, e acima de 50 milhas por hora a aceleração faria seus úteros serem cuspidos para fora do corpo. ==Quando o automóvel começou a ganhar popularidade, no início do século XX, as pessoas tinham medo de que aquilo sairia de controle.== A primeira lei de trânsito, então, foi criada; ela limitava a 10 quilômetros por hora a velocidade dos carros e ainda dizia que cada veículo deveria ser precedido por um homem alertando os pedestres com uma bandeira vermelha.[2] Quando as pontes foram inventadas, a única forma de convencer pessoas de que era seguro atravessá-las era a demonstração pública utilizando elefantes, que as cruzavam sem que elas caíssem.

==O que facilita o caminho evolutivo da tecnologia é que ele ocorre lenta e gradualmente.== Antes de existirem óculos de realidade virtual, havia *smartphones* incrivelmente poderosos e, antes deles, telefones celulares limitados a ligações e mensagens de texto. Antes de existir o carro autônomo, havia carros com piloto automático e, antes destes, carros com sensores de estacionamento. A tecnologia evolui aos poucos, e, quando menos percebemos, estamos envoltos pelo futuro.

A sala de aula passou por transformações graduais, seja com o uso de ==CD-ROMs== interativos nos anos 1990 ou ==lousas interativas== nos anos 2000, seja com espaços *makers*, onde os estudantes aprendem noções de robótica, ou aulas de ==realidade virtual== que utilizam óculos para mostrar aos alunos determinado local ou objeto de estudo de forma muito mais interessante.  Além disso, plataformas digitais de estudo geram dados sobre cada um dos alunos, o que permite adaptações de conteúdo e testes para entender como as turmas aprendem de forma mais eficiente. Escolas como a AltSchool,[3] fundada em 2014 em São Francisco, usam tecnologia para monitorar o desempenho de crianças de 5 a 10 anos e criar sequências personalizadas de aprendizado. As informações são imediatamente compartilhadas com pais e professores via ==aplicativo de celular==. Nesse caso, o professor se coloca como um facilitador do aprendizado. A *startup* holandesa Peergrade propõe "que o professor nem precise mais corrigir provas: as corre-

ções são sorteadas entre os próprios alunos, que corrigem e dão notas para os colegas". Para muitos dos professores, o objetivo principal para o uso da plataforma é a eficiência, mas o Peergrade também é uma ferramenta educacional útil, afirma o CEO David Kofoed Wind ao *Business Insider*, em artigo publicado em fevereiro de 2018 (Lek, 2018, documento *on-line*). "Em primeiro lugar, o método funciona porque os alunos são realmente muito bons nas atribuições de nota. Mas também dá ao processo de aprendizagem uma nova dimensão. Ao participar do processo, os alunos adquirem novos conhecimentos do trabalho dos outros e aprendem a dar *feedback* de forma construtiva", afirma.

NA ESCOLA DO FUTURO, O APRENDIZADO E O DESENVOLVIMENTO DOS ALUNOS SERÃO TOTALMENTE MONITORADOS, MELHORANDO A ATENÇÃO DOS PROFESSORES (ou algoritmos) a alunos que estão ficando para trás em determinada matéria e desafiando aqueles que estão adiantados. Algoritmos inteligentes que aprendem com a experiência de uso já existem e são desenvolvidos por uma área da engenharia computacional chamada *machine learning*. Quanto maior o número de informações sobre um estudante, maiores as chances de o sistema recomendar lições potencialmente interessantes nos horários em que o aluno é mais produtivo.

<u>Ainda estamos nos primórdios da inteligência artificial aplicada para qualquer sistema, mas você pode imaginar que o Google se enquadra na definição. Quanto mais você faz buscas no Google, e em seguida clica em um **LINK**, mais ele aprende a considerar relevante esse resultado clicado.</u>

Ele pode experimentar oferecer esse resultado para outras pessoas, e, se elas clicarem no **LINK**, *o seu clique as terá ajudado. É o que chamam de "efeito de rede".*

CADA VEZ QUE VOCÊ USA UM SISTEMA COMO NETFLIX, FACEBOOK E INSTAGRAM E INTERAGE COM ELES, MELHORES ELES FICAM PARA VOCÊ. A mesma lógica se aplica ao aprendizado em sistemas com inteligência artificial. Ao perceber que um aluno tem mais aptidão para determinada tarefa, o sistema poderia criar uma trilha de aprendizado específica, independentemente da série ou da idade do estudante. Um aluno que se sente apto para estudar e realizar testes avançados sobre matemática, por exemplo, não será impedido porque é muito novo ou porque ainda não está no ano escolar correto. O conceito de separação de alunos por idade se torna ultrapassado (essa é uma discussão antiga; as chamadas "escolas democráticas" questionam esse sistema desde o início do século XX), e A EDUCAÇÃO PERSONALIZADA, QUE SEMPRE ESBARROU NOS ALTOS CUSTOS DE PROFESSORES DEDICADOS A POUCOS ALUNOS, SERÁ POSSÍVEL COM BAIXO CUSTO SE A TECNOLOGIA FOR IMPLEMENTADA (Koller, 2011, documento *on-line*).

Qualquer argumento que tente defender o controle ou impedir o acesso ao conhecimento dos jovens da geração Z será vencido pela prática. Atualmente, todas as pessoas podem encontrar informações, aulas e exercícios sobre os mais diferentes assuntos. O desejo de algumas instituições de ensino por controle deve ser substituído por sistemas responsáveis e éticos, que entreguem conhecimento e informação de forma fluida e agradável, em plataformas com as quais essa geração esteja acostumada.

Embora os exemplos aqui apresentados estejam relacionados com as facilidades que a tecnologia irá nos proporcionar, é importante dizer que a tecnologia não substitui o ser humano. Sempre haverá uma pessoa por trás do desenvolvimento de um sistema, e sempre existirão pessoas para adaptar o uso da ferramenta tecnológica. Computadores são muito bons em otimizar atividades específicas, como cálculo, leitura e buscas, mas jamais nos substituirão no desenvolvimento de questões morais e éticas, nem em habilidades como criatividade e inovação. A máquina não cria ou inova. Isso é tarefa para humanos.

"Trabalhar ao lado de máquinas inteligentes será muito mais comum do que ser substituído por elas",

afirma o autor norte-americano e futurista **KEVIN KELLY** (2016). Todo sistema terá sempre que ser programado, e toda tecnologia só poderá responder a uma questão se houver um humano que crie uma pergunta. É de extrema relevância que os sistemas educacionais sejam desenvolvidos por profissionais com experiência pedagógica, assim como é importante que a ética jornalística esteja nas informações que consumimos na internet e a ética médica seja balizadora do processo de interação entre homem e máquina na saúde. A ética profissional que acompanha uma formação tem grande valor na medida em que estabelece as condições para que não se perca a essência de cada uma das especializações.

Quanto mais tecnologia temos ao nosso redor, trazendo conforto e comodidade, mais precisamos do toque humano para nos lembrar de quem realmente somos.

Tecnologia e humanidade fazem, ao longo dos séculos, uma dança violenta que nos deslumbra e assusta, e as próximas décadas apresentarão desafios profundos nesse espetáculo.

O mundo mudará mais nas próximas duas décadas do que mudou nos últimos 300 anos. Se as teorias de GORDON MOORE (2006), RAY KURZWEIL (1992) e tantos outros cientistas estiverem certas, teremos um futuro em que os humanos desempenharão um papel fundamental no desenvolvimento de sistemas. Está em nossas mãos e nas de nossos filhos definir quais tecnologias irão transformar nosso mundo para melhor, com sistemas responsáveis e éticos. Se não formos nós os desenvolvedores desses novos sistemas, serão outros, talvez não tão bem-intencionados. #

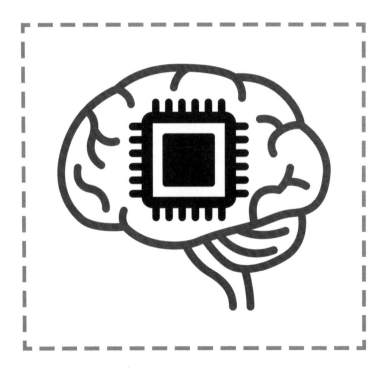

NOTAS

1. NEURALINK. c2018. Disponível em: <https://www.neuralink.com/>. Acesso em: 17 set. 2018.
2. Chamada de Lei da Bandeira Vermelha.
3. ALT SCHOOL. c2018. Disponível em: <https://www.altschool.com/>. Acesso em: 17 set. 2018.

REFERÊNCIAS

ALT SCHOOL. c2018. Disponível em: <https://www.altschool.com/>. Acesso em: 17 set. 2018.

KELLY, K. 12 inevitable tech forces that will shape our future. *Youtube*. 2016. Disponível em: <https://www.youtube.com/watch?v=pZwq8eMdYrY>. Acesso em: 17 set. 2018.

KOLLER, D. Death knell for the lecture: technology as a passport to personalized education. *The New York Times*, 2011. Disponível em: <https://www.nytimes.com/2011/12/06/science/daphne-koller-technology-as-a-passport-to-personalized-education.html>. Acesso em: 17 set. 2018.

KURZWEIL, R. *The age of intelligent machines.* Cambridge: MIT, 1990.

LEK, S. Danish edtech startup is conquering the American market with a platform for peer grading. *Business Insider Nordic.* 2018. Disponível em: <https://nordic.businessinsider.com/danish-edtech-startup-is-conquering-the-american-market-with-a-platform-for-peer-grading--/>. Acesso em: 17 set. 2018.

MOORE, G. E. Cramming more components onto integrated circuits. *IEEE Solid-State Circuits Society Newsletter*, v. 11, n. 3, p. 33-35, 2006. Disponível em: <http://ieeexplore.ieee.org/stamp/stamp.jsp?tp=&arnumber=4785860&isnumber=4785847>. Acesso em: 17 set. 2018.

NEURALINK. c2018. Disponível em: <https://www.neuralink.com/>. Acesso em: 17 set. 2018.

ao infinito e além...

gustavo borba

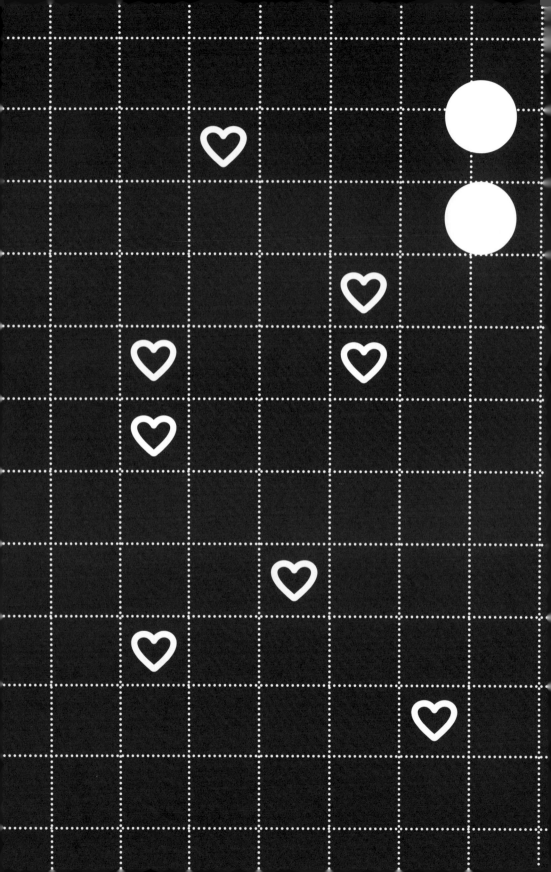

Um dos elementos centrais para nossa conexão com novos conhecimentos, novas experiências e aprendizado é o tipo de mídia que utilizamos em diferentes momentos de nossa vida. É importante compreender essa evolução, pois estamos cada vez mais integrados com diferentes dispositivos, fontes de acesso, fontes de distribuição e conexão. Questões que há pouco tempo víamos em filmes de ficção cientifica, como inteligência artificial e assistentes virtuais, fazem parte de nosso dia a dia e custam hoje poucas centenas de reais (p. ex., Amazon Dot – 89 dólares, com assistente virtual).

O grupo Common Sense Research realizou uma pesquisa bastante relevante para entendermos os hábitos das crianças de 0 a 8 anos em termos de interação e consumo de mídia. Foram três rodadas de pesquisa, que geraram o relatório *The common sense census: media use by kids age zero to eight* (2017). Essas pesquisas ocorreram em 2011, 2013 e, mais recentemente, em 2017.

A pesquisa teve como foco a população norte-americana, mas certamente aponta para algumas questões bastante relevantes em nosso contexto. Quando comparamos os dados de acesso a celular em 2011 e em 2017, observamos uma mudança muito significativa. EM 2011, 41% DOS LARES COM CRIANÇAS DE 0 A 8 ANOS TINHAM ALGUM smartphone. EM 2017, ESSE NÚMERO AVANÇOU PARA 95%. Da mesma forma, enquanto EM 2011 MENOS DE 1% DAS CRIANÇAS TINHAM SEU PRÓPRIO tablet, EM 2017 ESSE PERCENTUAL CHEGA A 45%.

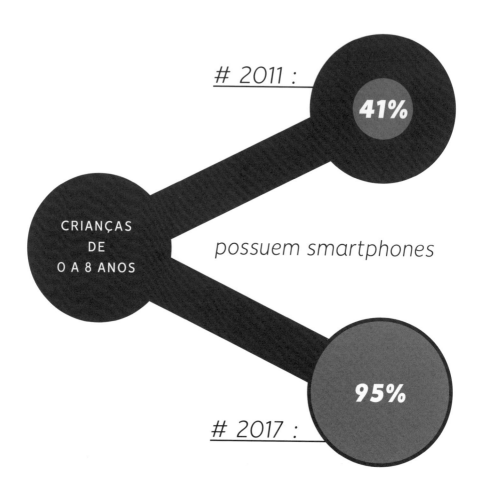

Essa mudança impacta diretamente na forma de consumo e de relacionamento social dessa geração. Se nos anos de 1970 e 1980 a mídia mais forte em nossas casas era a televisão e nos anos de 1990 nossas casas foram invadidas por computadores, atualmente existe uma presença significativa de mídias móveis, com os celulares avançando consistentemente.

As crianças estão conectadas todo o tempo, em diferentes telas. Está diminuindo o impacto de mídias tradicionais, como a televisão (que passa a ser uma tela de fundo, ligada, mas quase como ambientação), e se ampliando o uso de celulares. Da mesma forma, a conexão com assistentes virtuais, que entregam conteúdo *just in time*, está se ampliando. Podemos saber o clima instantaneamente, podemos verificar a cotação do real ou, ainda, curiosidades sobre o dia de hoje na história. À medida que a qualidade desses dispositivos avança e que seu preço diminui, sua relevância e seu uso se ampliam. Embora ainda seja restrita no Brasil, a tendência de uso por aqui deve se concretizar nos próximos anos.

QUAL O IMPACTO DISSO NA VIDA DAS CRIANÇAS, NAS FAMÍLIAS E NAS NOSSAS ESCOLAS?

Um dos elementos centrais para as mudanças necessárias em nossas escolas é a compreensão de que essas DIFERENTES MÍDIAS ESTÃO ENTREGANDO CONHECIMENTO E GERANDO EXPERIÊNCIAS PARA OS ALUNOS. Essas mudanças têm trazido para o meio educacional o desafio de gerar engajamento em alunos e professores. Um dos caminhos de maior sucesso que temos percebido é uma forte tendência ao que tem sido chamado de educação baseada no contexto real (*reality based education*). Esse processo pressupõe um engajamento distinto dos alunos em processos claros de resolução de problemas e entrega social. As atividades podem se desdobrar dentro de sala de aula, com simulações e experiências de pesquisa que desafiem o estudante na busca de soluções, mas que ocorrem especialmente fora da sala de aula, por meio de projetos nas comunidades (entrega social para determinado grupo) e de uma visão transversal (projetos entre disciplinas, conectando conhecimentos de áreas distintas).

O engajamento de jovens e adultos se dá a partir do interesse por algo: gostamos de resolver problemas, gostamos de ajudar os outros, nos sentimos bem trabalhando no coletivo.

Ficar sentado, sem ação, recebendo informação, não faz parte do interesse e mesmo das necessidades da maioria das pessoas e gerações que vivem na sociedade atual.

O livro *Ready player one* (*O jogador N. 1*), de Ernest Cline (2011), que recentemente foi transformado em filme pelo diretor Steven Spielberg, apresenta um universo em 2045, com os problemas globais intensificados: pobreza, aquecimento global, diferenças sociais no dia a dia. As pessoas passam parte de seu dia em uma plataforma virtual desenvolvida por um cientista, o OASIS. Nesse espaço, podem criar um avatar e viver a realidade que quiserem. Uma das possibilidades é a entrada no OASIS para acessar um novo ambiente educacional: existe a opção de estudar na Terra, no ambiente real, ou em uma sala de aula virtual. Nessa sala, como um avatar, os alunos podem estudar diferentes disciplinas, em diferentes contextos sociais e históricos, com toda a facilidade que um ambiente virtual proporciona: podem, por exemplo, "entrar" no corpo humano para entender melhor determinada função ou órgão ou viajar no tempo para compreender determinado período histórico.

Embora o filme não tenha esse foco, tal possibilidade de migração para o digital, de construção de algo único em termos de educação, sempre foi um desejo de todos nós: pais, professores, alunos, gestores. Entretanto, SERÁ QUE PRECISAMOS NEGAR A SALA DE AULA E BUSCAR UMA ALTERNATIVA? SERÁ QUE PRECISAMOS DESCARTAR O PASSADO PARA VIVER O FUTURO?

Embora tenhamos historicamente criticado o espaço da sala de aula, hoje temos uma mudança importante e a consciência coletiva de que estamos avançando.

A sala está mudando, nosso modelo mental também. Estamos nos adaptando a uma realidade em que aprendemos e ensinamos constantemente.

Empreender é uma das competências de que precisamos no século XXI, mas muitas outras estão relacionadas ao convívio coletivo e ao compartilhamento de nosso conhecimento com pares, com tutores, com mentores, com professores. Isso é indispensável para nosso crescimento intelectual e para a transformação global, com foco no bem comum, e não individual.

Como será
a sala de aula
do futuro?

Quais os dispositivos
e mídias que estaremos
utilizando em 2050?

Como a geração Z vai formar as próximas
gerações, quando estiver nos espaços
mais estratégicos das organizações?

É impossível responder
a qualquer uma dessas perguntas,
mas certamente estaremos
preparados para as mudanças
futuras se construirmos
um caminho coletivo no presente.
Um caminho que coloque
acima de tudo a importância
da educação formal ou informal
nas escolas, em nossas casas,
nas diferentes instituições
com as quais convivemos. #

REFERÊNCIA

COMMON SENSE MEDIA. *The common sense census:* media use by kids age zero to Eight 2017. 2017. Disponível em: <https://www.commonsensemedia.org/research/the-common-sense-census-media-use-by-kids-age-zero-to-eight-2017>. Acesso em: 17 set. 2018.

lista de
sites

>> https://br.udacity.com/
>> https://www.uncollege.org/
>> http://www.summerhillschool.co.uk/
>> https://www.lumiar.co/
>> http://www.fundacaoralstonsemler.org.br/bilingue/lumiar.php
>> https://www.altschool.com/
>> http://www.metaari.com/
>> http://www.worldometers.info/world-population/brazil-population/
>> http://www.internetlivestats.com/internet-users/us/
>> http://www.happycode.com.br/
>> http://supergeeks.com.br/